理想的簡單生活

多明妮克・洛羅
Dominique Loreau

張之簡 譯

L'art de la
simplicité

獻給所有希望過更簡單生活，
改善物質、身體、心理和精神狀況的人，
願他們能發掘自身具有的極大潛能。

「春至陋室中，
無一物中萬物足。」

小林一茶[1]俳句

註1——小林一茶（1763-1827），日本著名俳句詩人。

前言

我從小就對外國的事物很好奇，因此朝著這個方向完成我的大學教育：十九歲時我在一所英國學校擔任法語助教，二十四歲前往美國密蘇里州一所大學任教。那時，我充分利用閒暇時間遊覽加拿大、墨西哥、中美洲，當然還有美國的大部分州。直到參觀聖法蘭西斯科附近一座「枯山水」[2]時，我產生了探究這種美之源泉的強烈願望，便轉往日本旅行。這個國家對我有一種無以名狀的吸引力，於是我留在了這裡。

生活在這些文化如此迥異的國家裡，我不斷思考和探尋什麼是「理想的生活方式」。我不斷地進行減法，逐漸明白，追求簡單才是既舒適又符合心意的理想生活方式。

那麼，為什麼選擇日本呢？當別人得知我在日本生活了二十六年時，他們經常會這樣問我。所有和我一樣選擇在這個國家長居的人，都會這樣回答：熱愛和需

註2——日本式園林的一種，但也是日本畫的一種形式。一般是指由細沙碎石鋪地，再加上一些疊放有致的石組，所構成的縮微式園林景觀，偶爾也包含苔蘚、草坪或其他自然元素。在法語中，「枯山水」被譯為jardin zen（禪花園）。

求。

在日本，我生活得很愜意，並且很喜歡每天早晨都有新發現的感覺。禪和其他有關日本的事物都讓我深深著迷：水墨畫、禪寺、花園、溫泉、廚藝、插花……剛到日本不久，我遇到一位水墨畫大師，之後的十年間，他不僅指導我學習水墨畫藝術，還教給我日本人的思考方式。接受生活的本來面貌，不要企圖解釋、分析或「剖析」一切。總而言之，「禪意地棲居」。

我在日本一所佛教大學教授法語，因緣際會在名古屋的「愛知專門尼僧堂」接受啟蒙，這是一所專門培養比丘尼的禪寺。結束這裡的學習後，我深刻體認到，在十足現代化和「高科技」的外表下，日本人一直都浸潤在古代哲學中，甚至深入日常生活的枝微末節。

在頻繁接觸日本文化後，我發現簡單是一種積極而令人感到充實的價值觀。古典時期哲學家、基督教神祕主義者、佛教徒和印度智者……他們在漫長的歷史長河中不遺餘力地向我們講述簡單的原則。

簡單，讓生活擺脫令人精力分散和緊張不安的偏見、拘束及壓力，為我們提供了許多問題的解決辦法。

然而，簡單生活對於我來說，卻不是那麼簡單就能獲得！

它更像是緩慢變身的最終結果，而且這樣的想法會愈來愈強烈：依賴更少，更能自由和放鬆地生活。當然，也會生活得更加細緻與優雅。

我逐漸明白，放下的愈多，離不開的東西就愈少。最終，生活所需要的東西極少。因此，擁有愈少，就愈自由和綻放，這樣的信念在我內心根深柢固。

但我也明白要隨時保持警惕之心：消費主義、身心兩方面的惰性，以及消極情緒的圈套，正窺伺著我們一絲一毫的放鬆。

這本書的內容節錄自我在日本生活那些年的筆記，是我的經驗、閱讀、交往和思考的結果，它表達了我的理想、信念，以及我所憧憬和努力實踐的生活目標與方式。

我一直珍藏和隨身攜帶這些筆記，用它來指點與提醒自己，有哪些地方是我可能忘記，甚或沒有實踐的。同時，也是為了在混亂的環境中，堅定自己的深刻信念。

這些筆記現在仍能提供我寶貴的建議和訓練，我努力聽從這些建議，也根據我所遭遇困難的性質、需求和能力，來進行「小量」的自我訓練。

現代女性有愈來愈多人意識到放縱和富足的危險，希望重新發現更簡單、更自然的生活中，所蘊含的快樂和益處。在消費社會日益強烈的誘惑前，她們尋求生活的意義，同時與時代保持和諧。

這本書是為她們而寫的。

我希望，她們透過這本書能具體領悟到，這種盡可能簡單但充實的生活藝術。

第二章　身　體

1　美麗與你　|110

建立自我風格　|110

用保養和睡眠解放你的身體　|119

2　極簡主義保養方法　|123

皮膚、頭髮和指甲（趾甲）　|123

告別不完美之處　|137

遠離健身房　|145

3　飲食在精不在多　|152

放縱飲食　|152

飲食有度，膾不厭細　|157

「清除體內垃圾」的營養學原則　|163

重新學習飢餓　|172

第三章　精　神

1　你的內在生態　|200

純潔你的精神　|200

控制你的精神　|213

凝神與靜思　|215

2　其　他　|223

精簡聯絡人　|223

與人相處之道　|225

利他主義和清淨自處　|232

3　打磨自己，光滑如卵石　|239

為改變做好準備　|239

閱讀和寫作　|249

鍛鍊和紀律　|255

節省你的能量　|267

結　語　|274

CONTENTS

目次

前言

第一章　物質主義和極簡主義

1　過度的物質主義 ｜ 14
擁有造成的負擔（具體和抽象意義的） ｜ 15
住宅——少即是多，簡單就是豐富 ｜ 24
物品——只擁有絕對必需之物｜ 39
衣櫃——風格是思想的衣飾，
而簡單是建立迷人風格的關鍵 ｜ 53
2　極簡主義的益處 ｜ 69
時間——少浪費就是擁有更多，以及更好地利用 ｜ 69
金錢是我們的奴僕，不是我們的主人 ｜ 82
3　倫理和審美 ｜ 89
美的需求 ｜ 89
條理整潔的「少即是多」原則 ｜ 96

第一章

物質主義
和
極簡主義

1

過度的物質主義

西方社會的我們不再懂得過簡單的生活，我們擁有過多物質財富，有過多選擇、過多誘惑、過多欲望和過多食物。

我們揮霍一切，也毀掉一切。我們使用免洗餐具、鋼筆、打火機、照相機……為了生產這些物品，水、空氣和大自然都被污染。

從今天開始，拒絕使用所有這些破壞環境的物品，除非迫不得已。

唯有摒除這些身外物才能發現新世界，穿衣、吃飯和睡覺等基本需求才能邁向更深層的境界。

不是要臻於完美，而是為了更充實地生活。富足無法帶來美麗和優雅，反而會摧毀靈魂，束縛人心。

簡單本身就能解決很多問題。

不再擁有過多東西，你就能省出更多時間來關注自己的身體。一旦對自己的身體感覺良好，就能忘記肉體的存在，專注於精神發展，而使生命充滿意義。如此，你會感到更加幸福！

簡單，就是擁有極少，把空間留給事物的本質。

再者，簡單是美的，因為它隱藏著令人讚歎的神妙。

擁有造成的負擔（具體和抽象意義的）

欲念的積聚

「他們攢了一箱箱的東西以備不時之需，但是克萊因一家看起來很窮。」

——摘自《X檔案》[1]

註1——二十世紀九〇年代聞名世界的美國科幻電視影集。

我們絕大多數的人在生命旅程中，都攜帶了沉重、甚至是超重的行李箱。我們是否應該開始思索和自問，為什麼我們會如此依賴物質？

很多人認為，物質財富是他們生命的反映，是他們存在的證明。他們有意或無意地把自己的身分和形象，與擁有物聯繫一起。他們擁有愈多，就愈感到安全和有成就。他們覬覦一切：物質財富、生意成功、藝術品、知識、思想、朋友、情人、旅遊、上帝，甚至自我。

人們不斷消費、獲得、積聚與收藏。他們「擁有」朋友，「擁有」關係，「擁有」文憑、頭銜、勳章……他們被壓垮在自己的擁有物之下，忘記或者沒意識到欲念讓他們成了行屍走肉，因為他們總是聽命於愈來愈多的欲望。

很多物品其實都是多餘的，但我們總是在捨棄之後才明白。我們因為擁有，而使用那些物品，並不是因為它們是必需的。更有許多物品是我們看到別人有，就去買來的。

猶豫不決和不斷積聚

「知識的世界足以充盈我們的生活，不必再添加無用的小擺設了，這些東西只會霸占我們的精神和閒暇時光。」

——夏洛特．貝里安[2]，《創意人生》

要達到簡單境界，必須做出選擇，而有時候選擇十分困難。很多人終其一生被圍困在成噸的物品中，他們並不珍惜這些物品，也用不著它們，只因為他們無法決定該如何處理這些物品，但也從不考慮把它們送人、賣掉或扔掉。他們放不下過去、祖先和記憶，卻忘記現在，也想不到將來。

丟棄需要費點心力，不是一扔了之，而是必須判斷哪些東西是有用的、哪些是沒用的。丟棄某些東西時，心裡會感到難受，但是丟棄之後卻有一種滿足感。

註2——夏洛特．貝里安（Charlotte Pérriand, 1903-1999），法國知名家具設計師。一九四〇至一九四六曾短暫停留日本與越南，她的作品簡單、前衛，符合人性，是二十世紀初現代主義的重要人物。《創意人生》（*Charlotte Pérriand: Une vie de Création*）是她在一九九八年出版的自傳。

害怕改變

「不，老實人不喜歡別人另闢蹊徑！」

——喬治．布拉桑，《聲名狼藉》[3]

西方文化對那些選擇生活粗茶淡飯的人不太友善，因為這些人對經濟和消費社會構成威脅，他們被視為邊緣人和令人不安的人。主動過簡樸生活的人，食以果腹為度，用以不浪費為度，更不為無聊之事輕啟唇舌，卻被視為吝嗇鬼、偽君子和孤僻之人。

改變，意味著生活。我們擁有，而不是被擁有。擺脫擁有物，有助於我們成為自己想做的那種人。

很多人聲稱，他們在年輕時日子不寬裕，丟棄東西讓他們有一種浪費的罪惡感。

但是，所謂的浪費是指丟掉可能還用得著的東西。如果丟棄的東西毫無用處，就不是浪費，留著這件東西反而是浪費。

人們把屋子塞得滿滿的，浪費很多空間；按照室內設計雜誌的擺設來裝潢客

註3——喬治．布拉桑（Georges Brassens, 1921-1981），法國著名戰後詩人和創作歌手。《聲名狼藉》（La Mauvaise Réputation）是他一九五三年所發行的首張專輯。

廳，浪費很多精力；整理、清掃、尋找……都在浪費時間。記憶能讓我們像今天這樣幸福，或者更幸福嗎？有人說舊物是有靈魂的。但是，眷戀過去能以侵占未來做為代價嗎？應該讓現在陷入停頓嗎？

奉行極簡主義

「一個人愈能夠放下，他就愈富有。」

——大衛．梭羅[4]，《湖濱散記》

在生活藝術中，節儉是一種實用哲學，因為極簡樸的生活可以提高生活品質。人的本質並不存在於物質中，實踐極簡主義，須有精神與智力的儲備。有些民族，如朝鮮人，生性熱愛樸素純淨之物，他們的藝術流露出這樣的特點。所有人都能選擇那種擁有極少的富有，但重要的是有勇氣把信念堅持到底。除了整潔而通風的居室和嚴格的必需品之外，紀律、潔淨和意志是生活的條件。極簡主義需要生活紀律和對細節的重視。盡可能地丟棄，不要讓物品和家具

註4——亨利．大衛．梭羅（Henry David Thoreau, 1817-1862），美國作家、哲學家。《湖濱散記》是他二十八歲時在華爾騰湖旁隱居兩年又兩個月的記錄，被視為是自然文學的經典作品。

侵占你的空間，然後把注意力轉移到別的事情上面。甚至丟棄的念頭，最後也將與你無關。你的決定將發自本能，你的穿著風格將更優雅，你的家將更舒適，你的日程將更充實。心靈變得澄澈，你將更智慧地看待生活。請學會柔和但堅定地丟棄。

靜下來想一想所有你能做的，讓生活變得簡單的事情。

請問一問你自己：

- 是什麼讓我的生活變得複雜？
- 這值得嗎？
- 什麼時候我最幸福？
- 自己擁有什麼比自己是什麼更重要嗎？
- 要滿足自己所需，我最少需要多少東西？

小建議：列出一張清單，有助於你清除生活中的障礙。

使用最少的物品

「日本人只需要五分鐘就能為一次長途旅行做好準備。他需求不多。他不需要各種羈絆，不需要家具，只需要很少衣服就能生活，這種能力讓他在長期的生活競爭中占據優勢。」

——小泉八雲[5]，《心》

面對每種能激起你欲望的物品時，想像一下它已經腐壞、變形了的樣子，總有一天也將歸於塵土。

有條理地按照實際情況評估生活中遇到的每件物品，這能帶來莫大的滿足感：它們有什麼用處，它們屬於哪一類，它們為自己的生活帶來什麼價值。

辨別它們的結構、能保存多長時間，以及能帶給你什麼啟發。

用感覺豐富你的身體，用活力豐富你的心靈，用道德原則豐富你的精神，而不是用物品豐富你的生活。

不被物品擁有的唯一途徑，毫無疑問地是不（或幾乎不）擁有，尤其要盡量減少欲望。積聚是一種負擔，繁雜凌亂也是負擔。

註5——小泉八雲（1850-1904），日本小說家，出生於希臘，本名為派翠克·拉夫卡迪奧·赫恩（Patrick Lafcadio Hearn），一八九〇年赴日，因為深愛日本的文化及風土民情，一八九六年歸化日本，改名為小泉八雲。他收集了許多日本民間故事，集成《怪談》一書，後譯成日文，深受廣大讀者歡迎，成為日本現代怪談文學的鼻祖。

擺脫此世的財富，如同扔掉一件讓你難堪的破衣，你將達到自身的最高完美。留出空間，我們才有餘力接納。別再重視物質，而輕視人的價值，輕視你的勞動、平靜、美、自由，總之所有具有生命力的東西。

太多東西侵占了我們、裹挾了我們、從根本上改變了我們。我們的頭腦像一個漸漸堆滿舊物的穀倉一樣，被塞得滿滿的，我們根本無法動彈，無法前進。然而，生活就是要向前走。雜亂堆積會讓人無所適從、憂心忡忡和委靡不振。

把汽車後車箱裡的東西全都扔掉，然後向著未知的目的地前進，這真是令人振奮啊！

不要被擁有

「我把簡單當作生命中的統一原則。我下決心只保留最低限度的物品。在這種苦行和斯巴達式做法的某個角落中藏著某種賜福，我將冥思苦想，直到這種賜福變成我自己的。」

——米蘭．昆德拉[6]，《生命中不能承受之輕》

註6——米蘭．昆德拉（Milan Kundera, 1929-），捷克裔法國文學家，曾六次提名諾貝爾文學獎。《生命中不能承受之輕》是他最具影響力的作品。

不是我們占有物品，而是物品占有我們。

每個人都有獲得自己喜愛物品的自由，但最重要的是我們對待物品的態度，是意識到自身需求的限度，以及對生活的期待：知道自己喜歡讀什麼書，想看什麼電影，什麼地方帶給我們發自內心的快樂……

一支口紅、一張身分證件、一張銀行卡，提袋裡有這些就夠了。如果只有一把指甲銼刀，你在任何時候一定都能找到它。除了舒適設施、優質環境和一兩件漂亮家具外，物質的東西應減少到最低限度。拒絕擁有過多，才能充分享受那些能帶來心靈、情感和智慧愉悅的東西。

丟棄無用和舊的物品（或者放在你的房屋前，插上一個告示牌，把它送給想要的人）。

把可能有用的物品（書籍、衣服、餐具……）贈送給醫院或養老院。這樣做你不會有任何損失，反而會得到滿足和快樂。

賣掉你用不著或基本上用不著的物品。掃蕩一空之後，品味一下沒留下任何東西給竊賊、火災、蛀蟲，甚至嫉妒者的那種快感。逾越嚴格的底限而擁有更多物品，就是擔負了新的不幸。我們都明白，背負過多行李的人是浮不上水面的。

住宅——少即是多，簡單就是豐富

住宅應該成為城市中的減壓場所

「空間、陽光、整潔，這些是生活中需要的，與食物和床一樣重要。」

——勒・柯比意[7]

除了幾件極好看且不可少的家具外，空蕩蕩的住宅，將成為你安寧的避風港。珍視它、打掃它、懷著敬意住在裡面，用住宅守護你最珍貴的財富——自己。

只有不再為物質上的事情操心，才能令心靈綻放。

身體守護精神，就如同住宅守護我們的身體；我們的精神應該獲得解放，這樣才能得到發展。

我們擁有的每一件物品，都應該讓我們有這樣的想法：除了它我們別無所需，它的功用讓它如此珍貴；沒有這件物品，我們無法「進行」任何事情。

住宅應該是一個休息場所、靈感來源和療傷之地。我們所在的城市擠滿了人，

註7——勒・柯比意（Le Corbusier, 1887-1965），法國建築師、城市規劃家、作家，是建築現代主義的代表人物，二十世紀重要的建築師。

註8——又名施美美（Mai-Mai Sze, 1909-1992），美國華裔作家和畫家。

註9——包浩斯(Staatliches Bauhaus, 1919-1933)，德國國立建築學院，建築和實用技術流派，在二十世紀初震動建築界。——作者註

人聲嘈雜、光怪陸離、令人眼花繚亂，在在衝擊著我們，傷害著我們。家，給我們能量、生命、平靜和愉悅，是我們在物質和心理上、身體和精神上的庇護。

除了食物會匱乏，精神也會匱乏，家正可彌補精神上的匱乏。正如食物是我們健康的依賴，我們為內心補充的營養也對心理平衡深有影響。

流暢、多用途和零裝飾

「對抽象的熱愛導致禪宗更傾向於黑白素描，而不是古典佛教派別的精心繪製畫作。」

——施蘊珍[8]，《繪畫之道》

我所謂的居室「超流暢」，是指一切都經過精心考慮：理想的居室只需要最少的維護、整理和勞動付出，卻能給人舒適、寧靜和愉悅的生活。

包浩斯[9]建築、夏克[10]風格和日本居室，都有如下的共同點：效率、靈活和「少即是多」[11]的概念。

註10——震教徒(Shakers)，因做禮拜時的身體震顫舞蹈而得名，其所設計的家具簡單、儉樸、實用中不失設計感，主張透過「實用」之美達到在塵世的完美境界，被稱為夏克(Shaker)家具。——作者註

註11——Less is more，二十世紀德國著名建築設計師路德維希·密斯·凡德羅（Ludwig Mies van der Rohe, 1886-1969）提出的一種簡約主義設計理念。

住宅中擺設的物品適度，才能有更多的活動空間。用品和家具設計得輕便好用，一直都是為了滿足身體的需要，而不只是為了視覺的愉悅。身體應該「感覺到」地毯的柔軟、牆壁木板散發出的香氣和淋浴間的涼爽。將沉重的菸灰缸、重到抬不起來的羊毛地毯、電線絆腳的落地燈、老奶奶織的掛毯、擦拭後很快又氧化變暗的銅器，壁爐臺上、桌子下和櫥櫃裡擺滿的積灰物品，統統扔到垃圾桶裡。

考慮改變一些建築細節，安裝一些燈光柔和的功能性燈具，換掉有問題的水龍頭……舒適是一門藝術，除了舒適之外，一切形式上的裝飾都毫無意義。

建築師的「漂浮」風格，或者說「留白風格」，認為物品是依賴周圍的空間而存在。在住宅中運用這種風格美學並不需要付出很多：兩三本書、一支香燭和一座柔軟的大沙發就夠了。

從心理學上來說，一個留有空間的房間，能讓光線和有各種影響力的物品來充滿它。極精簡的物品變成了藝術品，存在的每一分鐘都凸顯出它的珍貴。

空白的空間讓身處其中的人，覺得能掌握自己的存在，因為他不被占有，這為他增添了舒適和滿意。

沒有空白，就失去了美感；沒有寂靜無聲，音樂也不復存在。一切都因此而具有某種意義。在一個樸實無華的房間裡，一杯茶就是一齣戲，一本書或一個朋友也可以很快變成這齣戲的角色。在空白的空間中，一切都變成了藝術創作、靜物畫、油畫。

早期的包浩斯住宅儘管不缺乏美感，還是因為它樸素風格而長期受到批評。包浩斯住宅是功用性和理性的範本，或許還是感官的聖殿，它們留出了用於運動、享受日光浴、交際和維護健康的空間，一切都是為了舒適考慮的。

簡化住宅空間與顏色

簡化居室的空間（如有可能把三個小房間合併為一個大房間），捨棄所有用不著的物品，你會發現這種感覺類似於在大嚼加工食品後，重新開始攝取天然食物。

拒絕那些用起來不方便的東西。請專業人士把所有電線藏在踢腳板、地板或特製的木條下。請人換掉關不緊的水龍頭、發出噪音的馬桶水箱、過於狹窄的淋浴間、扣不上的門把手……這些瑣碎的不便之處弄糟了你的日常生活。

通訊技術的微型化是這個時代的一大優點，這讓我們需要的工作空間愈來愈小。

在住宅中，裝飾並不重要，身處其中的人才是最重要的。材質統一是舒適的關鍵，挑選的時候閉上眼睛，忘記有錢人才用羊絨製品的成見吧。一條Pashmina[12]的毯子比兩床棉被還暖和，不論你在居室內何處，還是外出乘車、坐飛機，羊絨毯子都相當適用，還可以用上好幾年，好看又舒適。

至於顏色，以黑白色調為主，五色使人目盲。黑色、白色和灰色雖是無彩色，卻又能與所有顏色融合。它們帶來極簡風格，能把所有的雜亂都蒸發。

什麼樣的空間，就住著什麼樣的人

只要我們遷居新家，就會把自己的個性帶給這所住宅，它就像我們的衣服、我們的外殼、貝殼。

我們向世人所展示的，往往決定了我們的本質。然而，很多人並不確定自己的品味，也無法肯定什麼東西能帶給他們真正的滿足。

註12——Pashmina，波斯文羊毛的意思。這種材質珍貴、輕柔保暖，被譽為「自然界最柔軟的羊毛纖維」。

只有創造一個符合內心渴望的環境，我們才能找到內在自我和外在自我之間的聯繫。

建築師和民族社會學家一致認為，住宅「形塑」了個體的精神，人仰賴他的居所。

一個人所處的環境會形塑他的個性，進而影響他所做的決定。看到一個人生活的處所或生活過的地方，我們能更好地了解他。

住宅不能成為擔心、更多辛勞或負擔的原因。相反的，它應該要能補充我們能量。

英語clutter一詞，意為「擁擠、雜亂、無序」，來源於clog一詞，意為「阻塞」。同樣，血管也會阻塞，無序會阻礙人體的正常運轉。

許多住宅被物品堆積得像是舊貨商店、小博物館或雜物間般，然而在日本，只有有人活動的房間，才會感覺到有人居住的跡象，一旦離開這個房間，所有物品都會被收拾乾淨，沒有任何個人存在或活動過的痕跡遺留。房間裡的所有用品幾乎都是小巧可折疊（日式床墊、熨衣板、寫字臺、矮桌、坐墊……）的，平時收在櫥櫃裡，要用時才拿出來。

這些房間讓入住者搬進時不必為別人留下的記憶費心，無論這種記憶屬於此世之人，還是彼世之人。

設計住宅要考慮「極簡」

將居所設計得小巧、舒適、實用。

生活舒服是設計居所時的最終目標，但要舒適往往必須依賴空間。合適的空間、讓人釋放的空間、慷慨的空間……「濃縮」生活[13]的方式應成為居室設計準則。部分出於需求，部分出於宗教和倫理觀念，日本人長久以來發展出一種究極美學。這種美學重視細節、哪怕是最小的空間，合理的安排也能讓人忘記它們的尺寸。

一個完美的角落、一本好書和一杯茶，就能帶來極致的滿足。

依賴極少的物質生活，是一種理想境界，要做到這樣的境界必須沉浸於一種精神狀態：選擇「空」而非富足、寂靜而非嘈雜，經典和持久元素而非流行元素。目標是在我們的棲身之處保持足夠的空間，摒棄一切往往要在無意中才能覺察，並造成幽閉恐懼症的障礙物。如果用木材、織物、軟木、稻草等溫暖柔和的材質

註13——這裡所謂的濃縮生活，是指一件家具就能集結日常起居生活所需的功能，可以視情況變身成多種用途，不僅能滿足各種需求，也不占空間。

來裝飾空房間，也能讓它變得熱情洋溢。

一間房間可以僅比一只大旅行箱稍大，裡面只有必不可少的物品，而不是裝滿了「有一天能用得著」的物品且一成不變的房間。

我們應該隨著時代的變遷而變化，適應新的概念和生活方式。都市愈來愈擁擠，而公寓也愈來愈小。如何在狹小的空間裡生活得優雅而睿智，我們應該向日本人學習。

法國十九世紀備受推崇的小客廳，應該重新成為建築師考慮的模型。在小客廳裡設置一個盥洗盆、一座掛衣壁櫥、一面掛著鏡子的牆和一座轉角沙發，可以在這裡放鬆休憩、進行私密談話或閱讀私人信件，可以無拘束地休養身體。小客廳與浴室同樣重要，然而在浴室裡除了盆浴或淋浴外，並不方便做別的事情（化妝、修剪指甲、穿衣脫衣、各種保養等）。

把僅幾坪的小空間利用得更好，會令人眼前一亮。

空盪盪房間的低調奢華

只要在細節上精心設計，原本空盪盪的房間也可以展現奢華。這樣的房間能讓居住者洗心滌慮，猶如身處寬闊的飯店大堂、教堂或廟宇。二十世紀五〇年代，使用鍍鉻和直線的工業設計遵循的是同樣的原則。雖然不一定歸結為「零」，但它也表達出安靜和整齊的感覺。

簡單帶來美，「零度」美化能令人心情放鬆。

是的，極簡主義絕不廉價：在玻璃櫥櫃裡放幾個小物件，是比珍稀木材製作的牆壁護板省錢，然而極簡主義生活所需的可不只是金錢，它還要求不可動搖的信念。以秩序和美為準則的生活，並不妨礙對廣泛愛好的追求：音樂、瑜伽、收藏舊玩具或電子設備……

但對於護身符，不能把它當作一般的飾品來看待。它讓我們汲取個人能量，應該給予護身符特殊的位置。

做一個試驗，即使只有一個星期也無妨：把你所有的零碎物品置於視線之外。「空」將會為你帶來啟示。

只生活在過去或記憶中，就是忘記現在和關閉通往未來的大門。

符合美學和「健康」原則的住宅

我們住宅的環境都是我們的代言，接受庸俗的設計就要付出代價。留意審美觀，讓我們的感覺變得細膩。我們愈關注細節，細節愈觸動我們。只要使用過可調節亮度的燈具，就能深刻體會到，在一團漆黑和刺眼的光亮之間急劇轉換的開關，令人難以忍受。不完美的室內用品都是一道「小傷口」，就像輕微的頭疼或初患的齲齒。「不健康」的住宅，就是打開塞得滿滿的衣櫃卻找不到適合的衣服，打開冰箱卻發現都是過期食品，冷凍櫃冷得像北極，面對成堆的書籍卻找不到感興趣的書。組合壁櫥、嵌入牆壁或天花板的燈具、雜物全部清掃一空，這才是能住的房子，這才是有生氣、關注本質的住所。不要容忍任何無用的物品。

給你的居室注入能量

「芬芳、色彩和聲音互相響應。」

——夏爾．波特萊爾[14]

註14——夏爾．波特萊爾（Charles Baudelaire, 1821-1867），法國十九世紀最著名的現代派詩人。他的名著《惡之華》，不僅是現代主義文學的奠基，也是象徵派詩歌的先驅。

五千年來，中國人習慣在住宅上運用「風水」（能量轉移的科學），他們相信人類會受客觀世界（節氣、友鄰、物品等）的持續影響。無論我們能否意識到，日常生活中接觸到的事物都在影響著我們，刺激我們，愉悅我們，並在我們身上留下持久的印記。

我們自己的態度、處事和說話方式、行為等，也影響著外部世界。我們的一呼一吸、一舉一動，都影響著其他生物和物質世界的格局。我們接受和傳遞「氣」這一生命能量形式。

風水首先主張住宅要乾淨，外表一旦整潔，其餘地方也會一樣。頭腦會更清醒，做決定時會更乾脆。

居室入口的玄關空間應該舒適、明亮，並飾以鮮花：不論裝飾何種物品在玄關處，都必須能促使人進入室內。例如，一面鏡子、一幅色調明亮的繪畫，可以彌補室內的昏暗、狹小，不會讓人卻步。氣應該在居室內流動無阻，不要讓居室的通道被「卡住」。

進入居室內部的氣都應是「給養」。讓放置於玄關的每件物品，都能釋放倍增的效應，所有色彩的波動[15]能力都會決定氣的性質。

屋角會讓氣「折斷」，因此建議用擺放圓葉植物等方法，來緩和屋角。如此一

註15 —— 原文為vibration，用於氣功或靈修中，指一種與「氣」關聯又有區別的概念，包括人體在內的每一事物都具有不同的「vibration rate」，此處將vibration譯為「波動」。

來，可以改變整個房間的氣場。

聲音、顏色、材料、植物的波動，都應豐富細微。我們周圍的環境應該與宇宙法則達到完美和諧。觀察並理解生命的原理，並與之協調，然後有意識地把這一原理引入我們的生活，避免逆水行舟。

為了招來旺氣，要把所有食物保存在一處，並要持續補充這裡的食物，永遠不要讓它匱乏。水果盤要隨時擺滿水果，冰箱裡不能有不新鮮的蔬菜和放了三天以上的剩飯。所有鋒利、尖銳的用具（刀子、剪子等）都要收進櫥櫃或抽屜裡，所有生病的植物和枯萎的花朵都要扔掉（因為看到植物慢慢萎蔫會讓人在無意識中氣餒），所有過期食品都要清除乾淨。中國人從來不吃剩飯，而且只用最新鮮的食材做飯。他們明白，這是他們的能量來源。

中國人還認為，周遭放置的枯萎花朵，會為了獲得生氣而吸取他們身上的氣，位置放得不對的垃圾桶（靠近水龍頭）會對水有不好的影響（據說是因為物體之間的某種特殊感應力）。

保持房間乾淨、令人愉悅並不受壞氣侵擾，這會改變我們給別人的印象，即使我們身在離自家十萬八千里的地方亦然。無論我們身處何方，都應該與我們的居室保持一致。早晨出門上班的時候，保持住宅的完美潔淨，你的一整天都將被改變！

氣的流暢與否仰賴它所經過物品的材質和形狀。破壞和諧的停滯之氣，最喜歡聚集在有灰塵和污穢的地方。在這方面，地毯就像是下錨之物，讓生命的根基發展壯大。由於能量來自於地面，居室裡的所有地面和鞋子都不能有瑕疵，中國人在自己家是不穿鞋的。

如果我們發現了自己的內在精華，如果我們生命中的每一分鐘都忠實展現出本我，風水將發揮最大的影響。

光和聲音

「月光雕琢，日光描畫。」

——印度格言

光明即生命，失去光明的人非病即瘋。

避免室內的光線一成不變。自然光會不停地變化，它讓我們看到的東西更顯光亮或黯淡。

住宅內的聲音也一樣，它對健康的影響出乎我們的意料：一扇吱吱呀呀的門，猛然響起的電話鈴聲等。為門上的緩閉器上油、挑選一部可設定音樂鈴聲的電話機，以及鋪設地毯來降低噪音等。

購買家居設備時，盡量挑選不會發出過大音量的物品。人耳能接受六十分貝的聲音，但很難忍受一百二十分貝的聲音。因此，為什麼要選擇一百分貝音量的設備呢？電話機、鬧鐘、門鈴……要小心挑選每件物品。

收納空間

「好的收納應按照我們的細微動作來設計，而我們的動作是由需要決定的。收納是家居設施的第一元素。如果收納設計不好，居室中留不出任何空間。」

——夏洛特．貝里安

居室中不僅有人，還有物品，有時還有動物。因此，居室中要有足夠的組合櫥櫃，才能避免胡亂添置及擺放衣櫃、五斗櫃、小桌等家具，或者不計其數的零散物品。

櫥櫃不是放在「空蕩的空間」就好，而是應該根據需求來安排位置。總不能每次要拿平底鍋時都必須搬來一張凳子，也不能穿過整個廚房只為了放好一把勺子。這些東西會因為放置之處不便使用，而不被好好收納。

具收納作用的家具應擺設在能發揮效用的地方，這樣才能最大限度地減少人的動作和腳步。例如，在住宅的每一層至少要有一個櫥櫃，廚房旁放置一個食物櫃、浴室裡放置一個內衣櫃，在玄關處設計一個「衣帽間」，用於存放外套、提包、雨傘、鞋子和訪客的物品等。為什麼不在建造房屋時就留出這些空間呢？

合理和效率應該做為工作、休息和健康的基礎。

物品——只擁有絕對必需之物

必需物品

什麼是我們的基本需求呢？生活需要最低限度的物品，想好好生活，我們需要足夠的物品。

中世紀是極簡主義和靈性完美結合的歷史時期，直至文藝復興時期，飲食、衣服、居室都僅限於滿足合理需求。但這樣的做法在現代，至少在我們當前的這個社會，卻顯得不合時宜。

一名著名攝影師在世界各地進行調查，他發現在蒙古每人平均擁有三百件物品，而每個日本人平均擁有六千件物品。

你呢？

多少才是最少呢？

一桌、一床、一燭，在修道院或監牢的小室裡就夠用了，如果撇開他們衣不遮體、形銷骨立的形象不談。但如果謹慎地選擇兩三件物品加入這份清單，生活肯定會變得更加美好。像是幾件滋補心靈、滿足美好舒適和安全需求的物品：一付獨特精美的首飾、一座義大利沙發……

最理想狀態是：只擁有絕對必需之物，生活在一個夢想之地，居室無可指摘，身體經過勞動的鍾鍊，靈活且保養得很好，同時還能完全獨立生活。一旦達到這樣的狀態，精神將能保持自由，並對未知之事物保持開放。

人的第一需求是生活得健康安定而有尊嚴，然後才是追求衣服、飲食和環境品質。但非常不幸，生活本身的品質卻成為奢求。

個人擁有的物品

一個人擁有的物品能全部塞入一只或兩只行李袋就夠了：一套精心置備的服飾、一只提袋、一冊你最喜歡的相片集、兩三件個人物品。其他物品，也就是所有能在居室中找到的物品（床鋪、餐具、電視機、家具），都不能視為我們的擁有物。

接受這種生活方式，你的生活就會平靜安寧。你會得到很少人能擁有的東西：

閒暇時光。

應該盡早準備，以在離開這個世界的時候除了房子、汽車、錢，以及一些美好回憶之外，不留下任何東西。不要留下銀器、蕾絲花邊衣物、繼承問題，甚至私密日記。

扔掉小物件，告訴親友你唯一想要的是——不擁有。拿舊衣櫃去換一座柔軟的沙發，拿銀器去換鍍鉻的衛生用具，拿你從來不穿的裙子去換一件高品質毛料衣服，用人際關係去換來更多結交真正朋友的時間，把花在心理諮商上的錢去買一箱酩悅香檳[16]！

把餘生沉浸在思維、精神、奧義、美和情感的世界中。

趁一個快樂和充滿生機的日子，重新安排你的生活，並說服別人分享你的生活……

告別委靡不振、積聚財物的日子、告別傷感歌曲和陰沉乏味的人。因為，這些死氣沉沉的壓力日積月累，將背負愈來愈多的錯誤價值觀及盲目的習慣和負擔，讓我們無法集中精力發掘自己的思想、心靈和想像力。

註16——酩悅香檳（Moët et Chandon），法國著名品牌香檳，創立於一七四三年，有皇室香檳美譽。

擁有「求小」之心、過「輕便」的生活，以及達到簡單境界

「保持質樸的生活，隨時如臨大敵，能在幾分鐘內幾乎兩手空空地離家而去。」

——大衛・梭羅，《湖濱散記》

隨時保持警惕之心，準備面對不測風雲。

列一份詳細的個人物品清單，這有助於你挑出無用的物品。除了幾件無法割捨的心愛衣物，你所有的物品都應該減少到最低需求，能夠以一人之力攜帶。日本因為火災、竊賊和天災頻仍，日本人被迫這樣生活，他們以能夠在逃難時方便攜帶為標準來揀選個人財物。

摒棄絕大部分的身外之物，可以保證你所有物品皆為絕對需要與方便使用。提醒自己，負擔乃是敵人，無論是健康還是財物上的負擔。圖阿雷格人[17]只攜帶輕便的包裹，在沙漠中遊牧。

嘗試用體積較小的其他物品取代現在所擁有的。賣掉龐大厚重的橡木衣櫃，換成做工精緻的組合櫥櫃。

註17——圖阿雷格（Tuareg），撒哈拉大漠中信仰伊斯蘭教的遊牧民族，圖阿雷格人的女性地位比男性高，所以有別於其他信仰伊斯蘭教的民族，在圖阿雷格中蒙面紗的是男性。

把你的房間想像成一間斗室，把住宅想像成一葉扁舟。家具並非你生活的必需品，在摩爾人[18]的豪宅中，家具也不過是幾張奢華的地毯、幾只坐墊和茶盤。

笨重的家具會造成搬家的不便，也成為你的負擔，它們限制了你在房間裡舒適活動的自由，除非你住在城堡裡……

無論是橡木書櫃還是茶碗，餐桌還是錢包，盡量根據你的身體需求來選擇，而且要保證它們不會妨礙你的行動。

還要注意：為保持極簡的生活，無論多麼不起眼的物品，都應該兼具美觀與實用。

住宅和行李箱，兩者都是我們存放最個性化物品的地方。最終存放在那裡的，是我們自己這個永遠的過客。

物品的精華

待事物成熟後汲取精華。

習慣於定義、描述、觀察、命名、評價、體驗……這有助於認識多餘的物品。

註18 ── 摩爾人（Moors），是一個包括多種族群文化的詞彙，主要由衣索比亞人、西非黑人、阿拉伯人和柏柏爾人組成。

近距離觀察至纖至細的東西，別忽略它們的優點和價值，也別漏掉它們的缺點和無用之處。

跳出它們的表象，找出它們能實質帶給你什麼。

精華統一和包容一切：霧氣朦朧中的晨星；光芒燦爛的太陽；一只普通的茶壺，而不是像小孩子描繪出的一隻大象……記住：物品愈簡單，愈具有價值。

挑選你的擁有物，不要忍受它們

「老畫家王佛和弟子在漢朝的大街上閒逛。他們走得很慢，因為王佛在夜裡要仰望星空，而白日裡要觀察蜻蜓。他們攜帶的東西不多，因為王佛愛的是事物的形象而不是事物本身；他覺得，除了幾枝畫筆、幾罐顏料和墨汁、幾卷絹帛和紙之外，世間一切事物都不值得擁有。」

——瑪格麗特．尤瑟納爾[19]，《東方故事集》

為擁有甚少而欣喜吧。

註19——瑪格麗特．尤瑟納爾（Marguerite Yourcenar, 1903-1987），二十世紀法國女詩人、小說家和戲劇家。

沒有人能夠把海裡的貝殼都據為己有，貝殼正是因為珍稀而美麗。沒有靈魂和美的「死」物，雖多何益？

在這方面日本人堪為我們的師長，因為從上古時代起，他們就只擁有一些不值得誇耀的小物品，這些物品只由擁有者來使用，跟別人毫無關聯；這樣就拉近了物品與主人之間的心理距離。每件物品都製作考究、具有美感、實用、輕便、小巧、可折疊、可活動，在不用的時候都能放進包裹、口袋，或者用一方絲絹包起來。這些物品在使用時備受讚歎，並像聖物一樣受人尊敬。日本人從小在使用物品方面的教育即十分嚴格。

因此，如果希望隨著年齡的增長而逐步減輕負擔，我們或許可以借鑑日本人的習慣，選擇一種嚴格限制需求，但並不因此放棄舒適和精緻的生活方式。

無孔不入的科技削弱了精神生活，而我們亦自足於平庸。如果我們的生活所需源於內心的渴望，那麼我們就不會使用這些低劣製品。

學著認識自己，弄清楚合乎和不符合你品味的東西。當你看到夢想中的花園時，問問自己，它有多符合你的夢想。如果花園蔥鬱而整潔，不要再左添一壇黃色鬱金香，右添一叢玫瑰色天竺葵。僅用深淺不同的枝葉所構成的花園，就能帶來視覺上的休憩。重複的花槽有損天然。在庭院或花園這樣的數尺之地，如果植物品種過多，會顯得造作和壓抑。

我們擁有的所有物質，只該是那些有助於身心的物品。對於精神來說，有感受和直覺就夠了。挑剔選擇，將讓你擁有最高品質的生活。首先，找出那些最適合你和你最愛的物品（衣服、家具、汽車等），然後進行打包和標記。培養自己對所見之物評估的能力，隨著組成你物質世界的元素愈來愈接近你的真實需求和最具個性的品味，心中的寧靜感將日益充盈。

在你的世界中，只接受能滿足感覺的東西

「花時間弄清楚你喜歡什麼，這樣才能弄清楚喜歡過什麼樣的生活。」

——莎拉．布蘭納克[20]

思想固然重要，物品也不可輕視。大多數人並不清楚自己真正喜歡什麼，或什麼才是適合他們的生活方式。物品容納我們的情緒，應該在我們使用的同時能帶來快樂。挑一挑，把醜陋和不合時宜的東西扔掉：它們像噪音污染和劣質食物一

註20——莎拉．布蘭納克（Sarah Ban Breathnach），當代女性成長作家。

樣影響我們的幸福感。

如果有些物品不能讓我們的生活真正愉悅，把它們長期留在身邊會讓我們無精打采、鬱悶沉重。如果這些物品（不管有意還是無意）惹火了我們，將會讓人體的內分泌系統分泌出有毒物質，而且總是說：「唉！它讓我煩透了，讓我冒火，讓我受不了……」

相反地，一件完美的物品會帶給人無法替代的撫慰、安全感和寧靜。只保留你喜歡的物品，其他的都沒有意義。別讓俗氣和過時的物品侵占你的空間。擁有極少，但都要最好的。別滿足於一座「不錯」的沙發，而是要買最漂亮、最輕柔、最符合「人體工學」、最舒適的沙發。

毫不遲疑地甩掉「差不多」，代之以完美的物品，即使這樣做會讓很多人認為你大手筆。極簡主義可不便宜，但付出這樣的代價，你才能達到滿足於嚴格極簡的境地。不過，做出錯誤選擇，才能發現最適合我們的。錯誤是我們的老師！

選擇有用的、堅固的、符合人體工學和多用途的物品

「用著順手的東西看起來也舒服。」

——法蘭克・洛伊・萊特[21]

簡單，就是美和方便順手的完美結合，不能有任何多餘。

僅擁有極有限數量的物品，可以是手作物品或現量產品，但一定要精挑細選，讓它們變成身體的延伸，完全為你服務。一只能讓你舒服握住的瓶子，你會經常使用它，如果瓶子讓你必須費力才能拿起和不好使用，就不會常常用它了。無色透明的玻璃杯能讓人一眼看出裡面盛著什麼，以及盛了多少。

使用過物品，才能發現它的價值和品質。不要不惜代價尋找「更好」的東西，而是尋找可靠耐用、符合它原本被設計的用途的物品。在購買之前，要摸一摸、按一按、測一下重量、打開、關上、轉一轉、試用一下、檢驗一下，還要看一看、聽一聽（鬧鐘、門鈴等的響聲）。

陶瓷器宜輕盈，玻璃杯宜穩重。日本哲學家和民間藝術品收藏家柳宗悅[22]說，正如一個好工人必須身體強壯、健康，一件好的日常用品也應堅韌耐用。花俏和

註21——法蘭克・洛伊・萊特（Frank Lloyd Wright, 1867-1959），二十世紀美國最具獨創性的建築師、室內設計師、作家。

註22——思想家柳宗悅（1889 -1961），日本民藝運動創始者，有日本民藝之父美稱。

脆弱的東西不適合每天使用，如果你想觀賞「漂亮」的餐具，大可不時光顧高級餐廳。若是要自己使用，就應該選擇純白、厚實、摔不壞、耐放的陶瓷器具，它們可以展現各種風格，亦可增進食欲。只有品味怪誕的愛好者才會對它們的優雅感到厭煩。韓國李氏王朝時期的古碗在現今時代十分昂貴，但最初只是農夫用來盛米的不起眼的碗。製作這種碗並不是為了愉悅眼睛，只是為了應付日常使用。

日用品既不能脆弱，也不能劣質，因為用途和美總是相伴的。無用的物品，即使看起來漂亮，也肯定存在某種缺陷。

如果使用某一物品時，總是因為它的珍貴而擔心會打破它，這種擔心會破壞擁有和使用它所帶來的樂趣。禪宗大師在日用品、天然和常見物品中，選擇自己的珍寶。他們在這些物品中尋找最不尋常的美的形式。真正的美離我們很近，但我們無法發現它們，因為我們總是在遠方尋找。

即使是尋常之物，比如一只茶壺或一把小刀，如果被經常使用和欣賞，也會變得賞心悅目。它們以我們自己才能感受到的點滴快樂，豐富了我們的日常生活。

試著去感受更多直觀的美，而不是「空想」的美（簽名的盤子、名牌內衣等），只使用能滿足必要需求的物品，使用那些擁有美，但並非為美而生的物品。

選擇愈舊愈有價值的本質

多多使用「本質」的物品。為了釋放你的想像力，請選擇傳統工藝製作的物品，製作這些物品的工匠使用了代代相傳的技能、經驗和智慧。不要選擇那些追逐名利的個人藝術家的創作。購買高品質皮包或良匠製作的珍珠項鍊，可能被人認為是附庸風雅，但弄明白這些物品如何被製作出來，就能理解它們的價格和品質。

選擇高尚材質，別理睬華而不實的東西：白得純粹而平和的陶瓷、僅看形狀和光澤就值得購買的漆器、紋理天然優美的木器、織物、石料……

人們在購物的時候，其實是在購買自己的一部分。

隨著工業化發展，我們失去了觀察和判斷物品內在品質的能力。如果你還買不起渴望已久的沙發，那麼就一塊一塊地存錢，直到買得起為止。但不要購買臨時替代品，因為你會習慣於過這種與自己的錢包相匹配的生活。

擁有美好的願望，要好過安於平庸的現實。

品質無法用數字來衡量，但品質能滿足人體及其周圍環境的需求。

擁有優良品質的物品，總是散發出更多優雅和美麗。例如，漂亮的銅器愈舊，愈溫和光亮；粗呢衣服穿得愈舊，「磨」得愈厲害，愈會讓穿者感覺到貼身舒服。木器愈老，愈向眼睛和內心透露出熱情。但是合成材料用得久了就會變醜，讓人難以忍受。要選擇有生命力的材質。

品質和奢華

物品太多，反而過猶不及。過多的刺激讓人不舒服，讓人無法發揮對簡單物品的想像力。

日用品的色調和諧、材質高尚（木器的天然圖案、紋理、色澤等，被人手改變的僅有其外形），可以讓視覺和觸覺都得到休憩。

一旦嘗過品質的滋味，就無法再適應平庸。

但在消費社會，人們愈來愈輕視和忽略品質（品質代價不菲，因為它只能少量生產，這就是奢侈品）。

一名奢侈皮具商人告訴我，幾件不值一提的小東西加在一起，可能比一件價格高昂的、值得買的好物品還貴。但一件好物品能讓你用一輩子，讓你一看到它就開心。

促進和諧的藝術

不能僅滿足於擁有少量的漂亮物品，還要讓這些物品之間達到相互和諧，讓它們融合為統一的風格，達到渾然一體。

反映你個性的風格，最能代表你的形象。

簡單，也意味著讓這些獨一無二、不可或缺的難得物品之間和諧。

用節儉和簡單，賦予你的生活價值和風格。

在美學和其他方面，往往少即是多。一件物品之所以美麗，是因為能發揮價值，也就是它既脫穎而出又與周圍渾然一體。花瓶中即使只有一朵花蕾，也代表了整個大自然、四季變化、萬物流逝……

有茶壺而無茶杯，有茶杯而無托盤，或是有托盤卻與房間風格不相匹配，都會破壞一時一境的和諧與靜謐。例如，法國路易十五時期鄉村風格的衣櫃，在現代風格的房間中便顯得突兀。

給你的物品空間和尊敬，並發揮出你所擁有少量物品的最大作用。就算你在架上擺滿了小瓷像，也無法增添客廳的優雅舒適，因為徒具裝飾作用的物品會造成靜止、固定和無生命的壓迫感。簡潔樸素反而能激發想像力、創造力和變革力。小訣竅：如果一個空間中的所有物品都是同一顏色，就會顯得沒那麼繁雜，還會帶來視覺放鬆和秩序感。

衣櫃——風格是思想的衣飾，而簡單是建立迷人風格的關鍵

風格和簡單

「當一個女人覺得自己衣著完美時，她就會忘記自己的外表。這就是魅力。愈是忘記自己，你就愈是迷人。」

——史考特·費茲傑羅[23]，《夜未央》

註23——法蘭西斯·史考特·費茲傑羅（Francis Scott Fitzgerald, 1896-1940），美國長篇小說、短篇小說作家，是二十世紀最具代表性的作家之一，《大亨小傳》是他膾炙人口的代表作。

風格是思想的衣飾。個人風格對古怪的時尚說不，它把衣著和本人統一起來。

時尚變幻不定，風格沉澱積累。時尚熱鬧喧譁，風格力求簡單、美麗和優雅。

時尚是買來的，風格才是屬於你自己的。

風格是一種天賦。

隨著歲月流逝，女人的風格愈發純粹。風格與儀表彼此契合，因為品質的最終價值就是其中流露的靜謐。

最好的衣著是真實，而不是服裝。簡單，是建立自己迷人風格的關鍵。不論是對一個女人、一張照片、閃耀著壁爐火光的地板，或是除了兩三只形制簡單的碗就別無一物的矮桌而言，都是這樣的。建築和詩歌的原則，就是衣著的原則。

優雅的女人不像聖誕樹。她們在白天穿著裁剪合適的套裝，晚間則穿上簡單優雅的裙裝，再配上一兩件漂亮的首飾。她們不懼別人的目光，因為她們對自己信心十足。

至於顏色，米色、灰色、白色和黑色已經足夠。

據說，穿黑衣的女子，生活是彩色的。著名服裝設計師山本耀司[24]闡釋了他對黑色的喜愛：穿著豔麗讓別人厭煩不安，毫無益處，黑白兩色就已足夠。它們擁有一種絕對的美，讓我們更注重本質（皮膚、頭髮、眼睛和首飾等的顏色，在黑

註24——山本耀司，日本時尚界新浪潮的代表設計師之一，大量使用黑色是他的設計特色，有時尚界的「黑色魔術師」之稱。

白色、米色和海藍色的襯托下更加凸顯）。避免所有印花、雜色、有點子或條紋花飾的布料。

想擁有一個多彩的衣櫃，聰明的做法是先局限於兩三種色調，然後按照偏好慎重地添加幾種活潑和純粹的色彩。

衣櫃裡樸素而經典的衣服，讓早晨選擇衣服時變得輕鬆，可以避免經常左挑右選無法決定而大傷腦筋。十來套任意搭配都很合適的衣服，就足以應付各種情況。

過於貼身或者過於寬鬆的衣服，從來都不會好看。拚命尋找合身的衣服、時刻注意儀表優雅。既要舒服又要迷人，讓女人疲憊不堪。丟棄所有不成套的、太小的、太舊的、「多餘」的衣服。還有，穿舊衣服讓人顯老。

保持衣櫃井井有條和協調一致；如果不是為了工作或外出而穿著，不妨找出兩三件漂亮的牛仔褲。牛仔褲非常舒服方便，而且質感很好。

得體的穿著不僅能襯托出女人的良好品味，也凸顯出她的聰明、幽默和果決。

要鍾情於唯一風格：企圖模仿太多人，很容易迷失自我。只有認識自己，才能擁有自己的風格。

我們每天都會面臨很多選擇，可以幫助我們確定自己獨一的人格。最理想的是，根據你自己的形象和想展現給別人的形象，來做出決定。但實際上，日常生活中的各種微小細節已逐漸形成了你現在的形象。

風格、唯一的風格、自己的風格，讓我們感到舒服自如。牢記感覺自己衣著得體、優雅和自信的時刻，別人也能感知我們的感覺。我們選擇的衣服和首飾，同樣能帶給別人快樂……為我們生活的這個世界增添一抹亮色，是我們的責任。衣櫃中的每一套衣服都應讓你別無所求，要能建立你自己的風格。

你的衣服與你講同一種語言嗎？

衣服對於身體，就像身體對於精神。因此，衣服不僅要合身合用，還要能反映我們的內心。先在腦中規畫你的衣櫃，從尋找符合你風格的配飾（鞋子、提包）開始，花時間籌畫一個真正屬於你的衣櫃。你是一個什麼樣的人、你想成為什麼樣子、你的想像、你的決心、你的耐受力、你的政治觀點、你的怪念頭和你的生活方式，這些都能從你的穿著看出來。你還沒來得及開口，衣服就開始滔滔不絕地談論你了。

生活並不簡單，它要求我們扮演多種角色。我們今天扮演了誰呢？

穿著與我們保持一致，受到我們的性格影響。它們與我們的鏡子、我們的家人、我們的親友，甚至偶遇的路人開口交談。衣櫃應該要反映出我們最純正根本的風格。

穿著感覺舒服自如，是非常有意義的，因為穿著的精神能深入體內。如果把生活看得像外表那樣簡單，我們或許能擺脫各種過度行為。

穿著得體可帶來內心平靜和尊重。如果我們的身體和心靈保持一致，我們會立即感受到某種和諧。穿著既可以成為我們的朋友，也可以成為敵人；它們能凸顯我們的價值、保護我們，相反也能給別人一種錯誤印象。它們甚至具有改變我們行為的魔力。

讓衣櫃裡的衣服變簡單

你擁有什麼？你需要什麼？良好的生活需要簡單、理性和和諧。衣著的簡單正是其價值所在，又一次少即是多。

選擇經典風格、一年中有八個月都適穿、成套或單穿兩宜的衣服。在布料（天鵝絨、皮革、絲綢、毛料、羊絨）上花心思，是一個聰明的做法。

精挑細選並只留下喜歡的衣服。永遠都來得及改變風格，今天你就向新的風格靠近一步。放棄不合身的、老舊的、不知道為什麼從未穿過的衣服。為了不切實的幻想而買的衣服、買錯的衣服、在沮喪或脆弱的心情下一時著魔買下的衣服，要統統捨棄。

找到最完美的那套衣服，可以消除因穿著而侷促不安的長期壓力。完美的套裝可以讓你早上出門時感到輕鬆愉快，讓生活煩惱的事情又少了一件。

「少」意味著不用在塞滿「差不多」和「不太糟」衣服的衣櫃前，猶豫不決。挑選一番後，留下來的衣服更具價值，也會更好搭配。每天打開衣櫃，就必須看一遍掛在裡頭滿心不喜歡的裙子，還不如乾脆把它扔掉，一了百了。

每個女人都買錯過衣服，穿在身上反而破壞美感。

不合身的衣服讓我們感到不舒服，在百分之八十的時間裡，我們只穿衣櫃中百分之二十的衣服。其餘的衣服不是不喜歡、不舒適，就是材質已老舊。

不要留著目前不合身的衣服。如果你比先前或是未來瘦了十公斤，肯定想改變一下形象。重新思考每件衣服該用什麼配飾（用不同的緊身褲、別出心裁的腰帶或珍珠項鍊）去搭配它們。

別把在裁縫店訂製的裙子與套頭衫搭配在一起，也別穿著網球鞋卻拿手提包。仔細考慮你的各種活動，以及適合這些活動的服飾；缺少什麼就列在一張單子上。

你應該有的衣服

扔掉那些穿了一季就走樣的衣服，衣服的品質應該經得起洗上幾十次也不走形或起毛球。

答案是：「真正的」衣服。

你必須有幾件主要的衣服（幾件上等羊毛褲、一件冬天穿的粗呢外套、一兩件亞麻質地的夏裝和春秋裝、一件上好的漂亮大衣）和幾件T恤或各式上衣。

至少要準備三套完整的套裝，分別適用於三種場合（週末、社交和工作）。如果你待在家裡的時間很多，就應適當調整你的衣櫃。

如果乘坐航班的時候丟了行李——我有一次前往加利福尼亞時就發生了這種

事——你會再買哪些衣服呢？

衣櫃中有下列這幾件衣服，就足夠你穿好幾個月：

- 七套外出時穿的衣服（上裝、雨衣、大衣等）。
- 七件上衣（套衫或polo衫、T恤、長袖襯衫等）。
- 七件下裝（長褲、牛仔褲、裙子、連身裙等）。
- 七雙鞋（步行鞋、高筒皮鞋、平底鞋、涼鞋、室內穿的便鞋、懶人鞋）。
- 幾件配飾（披肩、絲巾、腰帶、帽子、手套等）。

襯衣和內衣不算在內，但也應該仔細研究和考慮。留著一件不會再穿的已變形睡衣，或者準備了大量的緊身褲，這些有什麼意義呢？正是這些小細節，透露出一個人的嚴謹、見識和女性特質。

購物、預算和保養

「大商店促進了崇拜身體、美、調情和時髦的宗教。女人們去那裡耗費時日，如同去教堂一樣：一種消遣，一個讓她們興奮異常的地方；她們在那裡互相較量，用自己對服飾的酷愛，用丈夫的錢包，用圍繞美而產生的一切人生悲劇。」

——左拉[25]，《婦女樂園》

體面的衣衫和精心的化妝能發出積極的能量。一個女人首先要考慮自己的健康、美麗和錢包。

不要消極被動。你能夠改變，你能變得容光煥發。贏得自信需要一點時間、個人保養和潔身自好。

和吃飯、子女教育一樣，你應該有一份用於穿著的預算。衣飾得體並不是奢侈，而是平衡的生活中不可缺少的。衣著是我們的包裝，任何人都不必因為想要向別人展示自己最好的一面，而有罪惡感，它跟追求體面的住宅和精緻的飲食一樣重要。事實上，它是整體的一部分，對於保持平衡必不可少。

先考慮你喜歡和需要什麼，再考慮價錢。

註25——埃米爾・左拉（Émile Zola, 1840-1902），十九世紀法國最重要的作家之一，為自然主義文學的代表人物。

價格不菲的衣服要經常穿、長期穿。衣服愈貴，就愈要經常穿。

盡量選擇經典樣式、經過考驗的品牌且容易保養的衣服，經濟優渥的人都懂得把錢花在經典上的道理。就從一雙黑色皮鞋開始吧，黑色鞋子跟任何衣服都能搭配。

當你決定購買一件衣服時，要先確定它能跟你的其他五件衣服搭配。每次買衣服時都要貫徹這一信條。

永遠不要因為「很划算」而買衣服。

整理你的衣服。用正確的方法折疊、懸掛、透氣、保護的衣服，能夠保持更長時間。

把過季的衣服放在另一處，這樣可以讓你在打開衣櫥時不再一臉茫然。

像重視你的身體一樣，重視你的衣服。在櫥櫃裡灑香水，為羊毛衣服做防蟲措施，再把它們收進密封袋裡，裡面放一小塊肥皂。購買品質好的木衣架，把乾洗店附上的衣架和買衣服時送的衣架統統扔掉。只有這些形制一致的漂亮衣架（男裝衣架和女裝衣架要分開），才能讓你掛衣服的壁櫥顯得像個高級店鋪，讓你每次換衣服時感到額外的小小滿足。木衣架互相碰擊的聲音，讓我感到愉悅。

旅行包

「旅行時帶很多行李的是窮人。」

——英國諺語

行李太多，或者太重，往往費時費錢（行李寄存、乘計程車、下飛機後等待行李、腰痠背疼、煩躁不安）。無論是在家裡，還是在旅行中，為了減少一點重量，即使是在牙刷柄上鑽個洞都不能猶豫。旅行時帶著管狀多用途肥皂膏（洗頭髮、洗餐具、洗澡等），多用途清潔露（臉部、指甲、頭髮、身體等），用卸妝紙巾取代卸妝棉和瓶瓶罐罐的卸妝品。

三個提袋就夠用了：一個旅行袋、一個機車包和一個出門帶的手提包。當然，別忘了帶著你心愛的化妝包。

化妝包

美容保養的樂趣之一，就是可以擁有多種形式的保養用品：瓶裝、小箱子、盒裝和袋裝……化妝包不只是在旅行時使用，每天也都用得到。它是極少數能應急的物品中最重要的一個，是女人的第二個神祕花園和忠實僕人——她在化妝包裡存放藥品、化妝品、珠寶、最私密的物品，任何時候都能在三分鐘內出門，或者在週末外出時不會忘記帶上防曬霜和脫毛鉗。通常它會是在旅館房間裡第一個被打開的行李，也能讓你在家裡擁有一個收納整齊的浴室。乘坐了十五個小時的飛機後，在旅行袋裡翻找牙刷可不是一件愉快的事情，更不要說這些小瓶子、整髮器、膠捲、拖鞋、針線、護養指甲用具等必不可少的用品，在旅行箱或旅行包裡會占去多少空間。

還有，化妝包有助於你放棄一切它裝不下的東西。

手提包是你的世界

每天都是一次旅行，你需要的一切都在你的手提包裡：鑰匙、鈔票、手機、通訊錄、化妝品、藥品、照片……

手提包是你的一部分，比任何一件衣服跟著你的時間都長，所以要慎選手提包。

手提包裡裝的物品可以展現出一個女人不願意示人的一面：雜亂、有序、古怪、粗心，或愛好美食、喜歡打扮、潔淨、邋遢，甚至充滿謊言……

有些女人用手提包做掩護。她們把它當作社會地位的標誌，是她們的祕密花園。所以要慎選手提包：美觀（不必每天早上換一個），輕便（塞滿了也不超過一點五公斤），手提包上的每個暗袋都安排得當（不必花上十分鐘才能找到紙巾或車票），還要品質好。

買一只好手提包，是一筆明智的投資。情願要一只漂亮的手提包，也不要十只只能用一季，過後就不知如何處置的手提包。

手提包一只就夠了，但是要懂得在各種場合不失優雅地使用它。

只用一只手提包，無視我們這個沒有節制的消費社會潮流，你將能快樂地使用它很多年。

手提包是你最親密的夥伴，它延伸了你的人格。女人把她的世界和生活方式都放在它裡面，不僅具有裝飾性、保護性和社會性，還具有十分寬泛的心理學意義。

它反映出她的渴望、她的事業，隱藏著她的夢想、她的祕密。它是男人從未、也從來沒有權力窺視的她唯一的私人領域。當然，享受美好的生活不能局限於一只手提包，但它是其中的一部分。

二十世紀五〇年代的女人，會買一只好的手提包和一雙相配的鞋子。她選擇自己的款式，以此創造自己的風格，因為那時還沒有成衣產業。一切都是按照她的尺寸和形象訂製的。

的確，現在不是所有女性都有能力在高級訂製服店置辦服裝（出於身材和預算的原因），但是手提包不需要有漂亮的身材曲線，就能用最少的支出為你帶來美麗。就算身穿一件普通的裙子，或者身在一個樸實無華的城市中，它都能凸顯你不一樣的色彩和風格。它的顏色能平衡你的身材。

現今市面上手提包的風格種類非常豐富，但是經典風格（凱莉包、草編手提包等）仍未被淘汰，猶如它們的存在深深印刻在女性的潛意識中，無法被驅逐。

現代女性外出機會愈來愈多，帶出門的東西也應該更多。她選擇的手提包應該有堅固的內層（如人造皮革），有多個小袋，足夠容納化妝包、眼鏡盒、厚厚的錢包等。設計巧妙的手提包還設置了分裝粉盒、手機、眼鏡、紙張和卡片的隔層，以及掛鑰匙串的鉤子……

雖然你無法掌握世界，但手提包卻能讓你暫時沉浸於自己的世界中，這個世界的一切都是整齊、奢華和令人愉悅的。

一個漂亮好用的手提包應該具備這些基本標準

- 裡層和外表一樣漂亮（如伊莉莎白女王的Launer包）。
- 價格不菲（品質優良），但是外形樸素（如賈桂琳·甘迺迪[26]的Cassini包）。
- 放在沙發上或腳邊時顯得美觀大方。
- 掛在手臂上或是放在腿上時盡顯時尚。
- 觸感柔和，不刮手。
- 每次使用的時候都能感受到一種隱祕的樂趣。
- 就算改顏換貌，依舊能散發出迷人的魅力（無論是三年後、七年後還是十年後）。一個好提包能用幾十年（優質的皮料和架構）。剛使用的新提包還不夠漂亮，你必須耐心等待歲月打磨。

註26——賈桂琳·甘迺迪（Jacqueline Kennedy，1929-1994），暱稱賈姬·甘迺迪（Jackie Kennedy），美國第三十五任總統約翰·甘迺迪的夫人，被美國民眾譽為「永遠的第一夫人」。

• 足夠中性，能與所有衣服和諧搭配（當作配飾攜帶的手提包除外）。
• 用柔軟的皮料製成（來自於在良好條件下精心餵養的動物），隨著時間的流逝愈磨愈亮（避免有塗層的粗革）。
• 不怕雨水淋溼。
• 手提包背在肩上時背帶不要太短，而掛在手臂上時提把也不能太長。
• 提包的底部要有鉚釘，這樣放在地上也不會弄髒。
• 要適合「你的身材」，就像大衣和帽子一樣，要能凸顯你的線條。根據你在別人面前展現的形象來選擇手提包（太小的提包會讓你顯得壯碩，太大的提包則會喧賓奪主）。
• 不要有硬角（它會破壞女性的溫柔感），形狀也不要太圓（會導致提包裡面的東西一團混亂）。
• 裝滿物品的包永遠都不能超過一．五公斤。
• 裡面放置讓人舒服的物品：細節決定你的層次（古色古香封皮的記事本、小錢包、繡有花押字[27]的純白色手帕等）。

註27——所謂花押字，是指將姓名的兩個或三個以上的首字母繡在手帕上的組合圖案。

2

極簡主義的益處

時間——少浪費就是擁有更多，以及更好地利用

今天，是我們最寶貴的財富

「一日光陰比一座金山還寶貴。如果你憎惡死亡，就應該熱愛生命。」

——吉田兼好[1]《徒然草》

每一天是唯一真正屬於我們的東西。我們的生命就是今天，不是昨天，也不是明天。

註1——吉田兼好（1283-1350），日本鎌倉・南北朝時期詩人，又稱兼好法師。

時間是神聖的禮物，如果我們不能抓住現在的光陰，同樣也無法抓住虛幻的未來。

但最重要的不是擁有時間，而是不虛度光陰。

不要掉入這樣的思想陷阱：如果現在不做你想做的事，以後就來不及了。你現在所做的一切，都是在為你未來要做的事情而準備。一切都是慢慢積累的結果。

人們想擁有時間，然後想方設法把它浪費掉

「生活總在某一刻給了我們每個人剎那時光，令我們在那一刻的所作所為像水晶一樣剔透，像纖雲不染的天空一樣蔚藍。」

——林白夫人[2]

如果你偶爾感到無所事事，擁有大把的時間，那麼請你試著弄明白你究竟怎麼了，並努力弄清楚你的反應。這是擺脫這種狀態的第一步。

我們時常不是抱怨浪費時間，就是抱怨時間不夠……一個人必須能花費兩三個

註2——林白夫人（Anne Morrow Lindbergh, 1906-2001），一九二九年與美國著名飛行員查爾斯·林白結婚，夫妻兩人環繞北大西洋飛行探險，首度開發出橫越海洋的飛行航線。她同時是美國著名小說家、散文家及詩人。

小時等火車、獨處，什麼事都不做，也不讀書，卻絲毫不覺得厭煩。一旦養成沉思的習慣——這是一種能帶來巨大快樂的寶貴稟賦，生活就會可愛得多了。我們把太多時間用在對過去懊惱不已，對當下無動於衷，以及對未來惶惶不安上面。我們糟蹋了那麼多光陰⋯⋯

抓住每一刻的最有效方法，是全身心投入事情中。自己要盡量多做事，人們往往因為自己無事可做而感到空虛失落。每天早上，別忘了感謝這新開始的一天。天氣好不好都無所謂，重要的是你要如何度過這一天。

小憩一番

「生而無息。」

——孔子

去度假吧。安排一個連休三天的假期，躲到一處安靜的地方，遠離媒體、喧囂和任何可能令人感到焦慮的事情。尋覓一個管三餐、適宜隱身凝思的休憩之所。

去打聽並蒐集一些適合解放你各種心緒的地方的資訊，這是為了有一天，當你感到倦怠、甚至沒有精力時，可以決定進行一次對你頗有裨益的旅行。

當你踏上這次旅程時，別帶太多東西：過多的行李會毀掉旅行和房間的單純樸素。一套換洗衣物、一付牙膏牙刷、一枝筆、一本小冊子，如此而已。別為身外之物徒增煩惱。很多時候，我們為自己所擁有的身外物傾注了過多的擔憂和關切，為了遠遠地拋開它們，也應該去度假。

你也可以偶爾起個大早，在一家咖啡館愜意地吃早餐，或者準備一次野餐，去看看落日。

不時「變換速度」，可以讓你不至於在庸常事務中愈陷愈深，而以更大的熱情投入每一刻。

讓生活變得簡單，可以獲得更多精力：這樣就能更好地面對人與事。輕裝上陣，此刻就充滿熱情；我們得以欣賞周圍的一切：要做的事少了，就有了更多時間來思考、夢想和享受悠閒。學習一整天待在家裡閱讀詩歌、烹飪、燃香、喝一杯好葡萄酒，並欣賞月亮。減少家務，培養你的創造性，保養身體，並維持你的精神。

慵懶的樂趣

「我品茶食飯。我靜靜度過光陰，俯視波濤，遠眺群山。多麼自由，多麼平和！」

——有道之士

慵懶並不易得，它不是委靡不振。它應該得到欣賞、品味，被當作天賜的禮物，有點像是偷得的光陰。

沒有事務纏身，慵懶便顯得可貴。這個世界上我們要關心的事情太多，我們要學會擺脫纏身事物，重新發現悠閒時光。

太多的人被所謂的熱情牽著鼻子走，但實際上那只是一種被動。他們竭力逃避自己，但最高形式的主動，就是「停下來」審視自己的閱歷和實質之時。

只有獲得了內心的自由和獨立，才具有這種主動性。

讓感覺保持清醒

「心之所至，我舀取清澈的河水，生火做飯。一滴滴流淌的河水使我陶醉，小小的柴堆使我心情愉快。」

——松尾芭蕉[3]，《紀行》

學會讓生活充滿精神之光，是佛教、道教和瑜伽的基礎；這些哲學思想表現在很多思想家和藝術家的作品中，如愛默生[4]、梭羅、惠特曼[5]和美國納瓦荷印第安人……

這種態度開啟了無限創造力、學識、決心和智慧的大門。要活得充實，必須完全喚醒自由和開放精神。

禪宗的關鍵在於，盡量輕鬆地僅做一件事。無論是聽音樂、閱讀，還是觀看風景，都要集中精力。如果活在當下，就不會感到疲倦：多數時候，人們煩心的是即將要做的事，而不是正在做的事。正因為如此，懶惰的人往往情緒低落。無所事事會減緩新陳代謝並降低血壓，這在今日已經得到證明。

註3——松尾芭蕉（1644-1694），日本德川時代的俳諧大師，有日本「俳聖」之譽。俳諧是一種極具日本特色且重要的文學類型，而芭蕉的名字也幾乎成了俳句的同義詞。

註4——愛默生（Ralph Waldo Emerson, 1803-1882），美國十九世紀傑出的思想家、散文家、詩人、演說家。

把重複性工作當作集中精神的訓練

值得擔憂的不是未來，而是悄悄溜走的現在。這就需要鍛鍊注意力和排除雜念的能力。只有此刻的活動才有意義，慢慢把精力集中在「這裡」和「現在」上面。能夠改變一段時光的品質，是非常可貴的天賦。正如我們身上每一個細胞都含有所有細胞的基因，一段時光也是所有時光的折射。

註5——華特・惠特曼（Walt Whitman, 1819-1892），美國十九世紀著名的詩人、散文家、記者兼神祕主義者，《草葉集》是他的經典詩集。

時刻準備面對意外

在禪宗寺院中，僧侶們每天晚上會集體討論第二天的早餐。他們認為任何事都應該事先考慮好，即使我們此時正在做的事情也應該具有某種意圖。為任何可能發生的事情做好準備，這樣會感到更加平靜：好友的不期而至、一場突如其來的大雨、一件刻不容緩的事情，或者最後時刻發出的邀請。這是充實地活在當下的最好方式。

我聽說過一個日本女人的故事，她得了一種病，隨時可能住院。在二十年時間裡，這個女人每天晚上都做好出行的準備，做好第二天的飯、把衣物熨平疊好、做完家務、把她的小旅行包放在客廳，然後才去睡覺。她最要緊的念頭，是她的離去不會對家人造成一丁點的擾亂：這就是她盡量平靜地接受自己命運的方式。

把極尋常的事情神聖化，讓你的生活充滿儀式

「借助儀式，某一日才不同於別的日子，某一時刻才不同於別的時刻。」

——安東尼・聖修伯里[6]

人們可以把進食、灑掃庭除等，最尋常不過的事情上升到神聖高度。

早上的第一口咖啡、化妝時間、流連商店的午後時光、購買夢想已久的東西的那一刻、在樓梯裡等待你愛的人的腳步、一個陰雨星期天的白日夢、邊吃石榴籽邊看錄影帶的一個晚上、做出新決策的星期一上午，這些時刻都能成為儀式。

幻想自己像電影中的葛麗斯・凱莉[7]一樣，一切如此自然不造作。對凱莉來

註6——安東尼・聖修伯里（Antoine de Saint-Exupéry, 1900-1944），法國作家、飛行員，經典童話《小王子》（*Le Petit Prince*）的作者，《小王子》的全球閱讀率僅次於《聖經》。

註7——葛麗斯・凱莉（Grace Patricia Kelly, 1929-1982），生於美國費城，美國電影女演員，奧斯卡影后，摩洛哥親王蘭尼埃三世之王妃，愛馬仕的經典凱莉包即是因她而得名。

說，當她不經意地從小手提箱裡取出輕盈的便服時，世界似乎靜止在那一刻。

你的儀式是什麼？它們為你帶來了什麼？

蒙田[8]說，當下的充實生活擁有豐富的儀式。當日復一日的壓力和需求壓得我們直不起腰來時，它能給我們慰藉。

歸根結柢，生活屬於意識範疇。我們要做的只是改善身邊的環境，把儀式過程中的細節打上自己的烙印。

懂得生活，是一種習慣，而儀式有助於形成習慣。如果賦予儀式以意義和美，它們將豐富其他各種領域，帶來滿足、神祕、和平和秩序。

儀式把日常變得神聖，給我們的世界另一個維度。

不要為了沒有遵守某些儀式而感到有罪惡感：如果錯過了它們，卻沒有察覺缺少什麼，這說明它們並不像你想的那樣對你的幸福貢獻良多。

儀式只能讓人感到滿足。如果的確是這樣，就應該遵守並以最大的熱忱和活力去完成它。

註8——蒙田（Michel de Montaigne, 1533-1592），文藝復興時期法國作家、人文主義先鋒，以《隨筆集》三卷留名後世。

對於儀式的幾個建議

寫作的儀式

「我有自己的儀式，這是一種謹小慎微的場景，我的鋼筆、一張專用紙、一天中固定的時辰，周圍的東西一絲不苟，咖啡溫度剛剛好……」

——多明尼克・羅蘭[9]

由於寫作場所的擺設、紙墨的品質、便箋的裝幀和開本、扶手椅的舒適和書桌檯燈的明暗相宜，寫作行為變得崇高起來。

「組織者」的儀式

《聖經》大小的Filofax[10]活頁萬用記事本，是一件必不可少的最方便的個人基本用品。不必再到處亂放記事本和發票，也不用在抽屜裡塞滿食譜了。你可以用這本活頁萬用記事本記下你喜歡的語錄、讀書筆記、名片資訊、收據和各種奇思怪想。善用活頁萬用記事本，可以把生活中各種細節整理得井井有條，而且十分靈活，可隨時增添紙張。告別各種不便、告別螺旋活頁本、告別亂飛的紙片和電

註9——多明尼克・羅蘭（Dominique Rolin, 1913-2012），比利時女作家、比利時皇家法語學院院士。

註10——英國老牌，於一九二〇年創立，為筆記本的始祖，Filofax品牌名亦被視為筆記本的代名詞。

話旁亂放的小本子。它的尺寸讓你不會忽略它的存在，也能在你出門時方便地放進提包裡。它簡直是安排得當的典範。

沐浴的儀式

選擇洗臉、洗髮和沐浴用品時，只限於最優質的幾種產品。在開始沐浴前要準備好你需要的一切：音樂、一支蠟燭、一杯蘇打水、出浴時披的衣服，甚至還要準備一件首飾。在離開浴室時，要保持浴室整潔乾淨。

購物的儀式

外出購物時，要堅持尋找最佳產品的信念：對於你的快樂和健康來說，食物的新鮮和品質是兩個必不可少的條件。購物需要想像力、常識和熱情。提著漂亮的籃子、帶著購物專用的錢包和購物清單，以及帶著所有的好運出門吧。要發現優質的非加工產品、美味的水果、「真正的」麵包和誠實的賣家，是需要時間和恆心的。

鮮花的儀式

鮮花有神奇的效用……每週為自己買幾朵鮮花，即使只是擺在床頭櫃上的一朵玫瑰，或擺在浴室的一束黃花毛茛，都能為你的居室和情緒帶來一抹亮色。鮮花帶來清新之氣，據說還能在心理承受壓力時，降低腎上腺素水平。除了水果和新鮮空氣外，鮮花也是我們保持愜意心情所必不可少的。

適宜的時候做適宜的事情

「在我過生日時，請送我一只漂亮的巴卡拉[11]水晶或萊儷水晶[12]做的香檳酒杯，一只就夠了。我不想擁有什麼，也不想為它們費心勞力，只希望當我需要時，它們就在那裡。你只需要挑選一串漂亮的珍珠項鍊，告訴你的朋友，你不想要保存時間比泰廷爵[13]香檳酒或紫薔薇花束更長的禮物。我不想要什麼東西，我只想擁有時光。」

——某美國女演員

註11——巴卡拉（Baccarat），創建於一七六四年，以完美無瑕的品質及精湛卓越的工藝揚名世界，並有「皇家御用水晶」的稱譽。

註12——法國萊儷水晶（Lalique），由René Lalique於一八八〇年創辦，被譽為「法國文化遺產」。René Lalique在一九〇五年設計了第一個水晶香水瓶，從此掀起近代香水工業革命。

註13 —— 泰廷爵（Taittinger），成立於一七三四年，是法國香檳區歷史最悠久的酒莊之一。

- 每天散步半小時。
- 中午能抽出時間就午休一下，即使只是在辦公室小憩五分鐘。
- 翻看一下你最喜歡的照片集。它展現了你如梭歲月的一個個片段，那些塑造你、改變你、愛你的人和地方。看著照片，彷彿重新找到了自己。
- 每天花十五分鐘進行一項對你而言非常重要的計畫（閱讀某個作者的書、籌備一次旅行、撰寫家譜等）。
- 一次只做一件事。
- 學會得體而堅決地拒絕別人。
- 從容不迫地接聽電話。
- 放慢生活節奏，減少工作量，拒絕加班，如果有可能請把工作改為兼職。
- 改變一下常規（如果平常喝咖啡，這次就喝茶，下班回家時走另外一條路等）。
- 別擁有太多東西。
- 根據日曆安排家務。
- 一次購足一個星期需要的東西。
- 把辦公桌上積壓的文件一掃而空，只留下需立即處理的文件。如果桌上永遠堆積一堆資料檔案，不斷提醒你還有哪些事情待做，這會造成緊張和不安。

• 盡快回覆郵件，完成工作不要留尾巴。

金錢是我們的奴僕，不是我們的主人

金錢就是能量

「為節約而創造，是臻於至善的燃料。」

——愛默生

生活如此複雜，是因為我們沒有擺正金錢的位置。我們應努力理解它對生活各方面的影響。思考金錢與自然、思想、快樂、自尊、居住、環境、朋友、社會等的關係，金錢與所有這些都脫不了關係。

金錢是一種力量：它塑造了我們的生活，不管我們是否想要這種生活。血液在體內平緩地流動，這說明我們身體健康；金錢在生活中自由地流通，這說明我們在經濟上是健康的。

當然，如果由於收入窘迫而精打細算，就有些麻煩了。但我們是否懂得合理使用金錢呢？比如，與購買加工食品相比，買幾把新鮮蔬菜、一點點肉和魚，更適合我們的味蕾、健康和錢包。

金錢是一種能量，我們卻把它白白地浪費了，這是因為我們不能好好控制衝動，因而缺乏清晰的頭腦。

每個人對金錢都有一套獨特的看法，這涉及我們自己的能量，易於滿足，是維持這種能量的最好方法之一。如果把錢花在我們認為毫無價值的東西上，我們將失去能量。

讓金錢成為你的奴隸

「金錢富足時，世界是男人的。金錢稀罕時，世界是女人的。當一切歸於失敗，女人的天性就派上用場了。找到工作的是女人。因此不管發生什麼，我們仍然擁有一片天地。」

——《女士家居雜誌》一九三二年十月號

你是否計算過，從小時候收到的第一枚硬幣開始，總共有多少錢財從你的手指間流走？而你今天又擁有多少？

我們在無用的東西和短暫的快樂上浪費了太多錢。讓我們捉襟見肘的，不是深思熟慮的大筆投資，而是今天統統記不起來的小花費。所謂浪費，就是離開餐廳時肚子鼓脹、疲憊，還有一筆讓人快樂不起來的帳單。所謂浪費，就是想到一件自己做過的事就悔之不及，例如，買了件一洗就掉色縮水的套頭衫，或是讓人躺著不舒服的劣質床單。

相反地，力行節約、避免超出能力亂花錢，是一種積極的選擇，因為它會帶來安全感。每個人都有自己的「安全—從容—儲蓄」計畫。減少自己的需求至嚴格必需的範圍，是實現這個計畫的最穩妥辦法。

可以把錢分為兩部分。第一部分用於維持節約簡樸的生活，餘裕的第二部分用於實現「有錢人的夢想」。

節約是為了減少未來工作，而不是為了花錢。減少一些不必要的開支讓人變得積極和更加幸福，因為他對未來生活的擔心減少了。

讓金錢成為你的奴隸，而不是你的主人。永遠不要在金錢上依附任何人，不要陷入舉債度日的惡性循環。花費永遠不要超過收入，每個月做一些小投資。這些似乎很容易做到，但為什麼還是有那麼多人負債累累，痛苦地過著他們承受不起的生活呢？

雜亂無章的代價

雜亂無章的代價是，生活中有太多我們根本不需要的東西：從櫃子或儲物箱底下翻出來時，我們甚至不記得有這件東西，或者它就礙手礙腳地放在我們用得著的東西旁邊。

很多東西不值得留著。為一所塞滿無用物品的房子支付保險，抽出時間擦洗、除鏽、除塵，讓那些過時的物品「煥然一新」，是在揮霍時間和精力。有很多更加充實的生活方式等著你，比如旅遊、閱讀、學習某一學科知識、健身、步行、烹飪，即使只是小憩或對著風景發呆。

雜亂無章也會讓人常常重複擁有同一樣東西，愚蠢地作繭自縛。

在我們這個社會，教養和德行是如此低落，以至於厚顏無恥和假仁假義地追逐利益，誘惑和占有欲變得肆無忌憚。時尚潮流（服飾、娛樂和美食等）讓我們變得盲目，而無法自拔。極少有人懂得金錢的價值並嚴肅地對待它，金錢首先應被當作生活運轉的潤滑劑。

禪有一個理念，就是把所有財產（一件替換衣物、一只碗、一雙筷子、一把剃刀和一把指甲刀）放在一只匣子裡，始終掛在脖子上。少得可憐的隨身物品，是佛教僧侶對當前社會現實的無聲抗爭。努力接近他們的生活方式，是對消費社會中萌生的深刻不滿的積極回應。

儉省節約、控制欲望、明確需求

有一樣東西，所有人都竭力長久保持——就是健康。攝取少而精的食物，遵循預防醫學的建議，積極保持理智和擔負責任，只要這樣做我們都能改善健康狀況。

對於我們擁有的財物——家用電器、衣服、各種用品等——可以貫徹同樣道理。生活如此富足有餘，我們從不去想有一天可能會發生改變，也因為從來不愁吃穿，我們相信豐富的物質生活永不枯竭⋯⋯

管理和簡化帳目，掌握自己的生活

記錄你所有收入和支出，這有助於你採取更多節約措施，將你的財務狀況管理得更好，讓你的生活簡單化。大多數的財務管理問題源於未經考慮的支出，而非不受控制的欲望。例如，試著計算你的美食消費、你為了減少因美食所帶來的體重而在瘦身產品上的支出、看牙醫的帳單、因為臉色不好而做的皮膚保養⋯⋯要訓練自己，對自己已擁有的和能夠支出多少，做到清楚明白。你必須做到推遲購買一件心儀已久、但現在對你來說太貴的大衣。記錄每一筆支出，能幫助你不再輕率浪費自己的辛苦所得。

美國哲學家梭羅能用數手指頭的方法完成自己的各項財務運算，他對於這一點十分自得。

只保留一個銀行帳戶、一到兩張信用卡。

每個月抽出兩次時間，坐在餐桌前，在醇香咖啡和音樂的陪伴下，計算你的帳目。鄭重其事地整理發票、記錄每筆消費金額，保持心平氣和，不要抱怨這是件苦差事。要把你的財務狀況摸得一清二楚。

除非是購買公寓或房屋這樣的大項商品，否則盡量避免借貸和分期付款。只能在緊急情況下使用信用卡，一旦你使用信用卡，必然要多花錢，銀行事務其實也是一種商業形式。

3

倫理和審美

美的需求

樸素與美（茶道）

「茶的哲學並非普通意義上的審美，因為它與倫理和宗教一起，道出了我們對人和自然的一整套觀念。它是衛生學，因為要求清潔；它是經濟學，因為證明幸福更在於簡單，而不在於複雜和花費。這是一種道德幾何學，因為它確定了我們與世界之間的比例感。」

——岡倉天心[1]，《茶之書》

註1——岡倉天心（1863-1913），原名岡倉覺三，日本明治時期著名的美術家、美術教育家和思想家。《茶之書》原著為英文，一九〇六年在美國出版，二十年後才被陸續翻譯成多種日文版本。

東方審美觀的基礎源自道家學說，但將之應用於實際生活的是禪宗。岡倉天心的《茶之書》一書，將茶道信徒稱為品味上的貴族。茶道是一套具有審美和哲學價值觀的儀式，隱含紀律和社會關係。精神之「茶」濃縮簡化，包裝成一整套嚴格法規，強調純潔和靜謐的準則。這些準則引導我們達到極致，從儀式上習得的極致直到精神的極致。物質與精神融為一體，這就是美的過程。

藝術無所不在：姿勢、器具、衣飾和舉止……收藏器具的人很多，但是培育精神的人極少。如果僅擁有很少的身外之物，我們能更強烈地與這些器具相通，透過它們純潔自我。這套儀式的運用，就在於我們的日常生活。

泡茶的過程，是在嚴格規則下使用最少的器具和動作來完成的。一旦接受和實施這些規則，就可能超越形式並進入覺悟的最高境界。

茶道儀式是倫理極簡主義的鮮明例子：它是對美的追求，也是長久貫徹盡可能優雅、節約地完成儀式的方式。在日本人看來，對美的欣賞是一項神聖得近似於宗教的活動。就像禪坐的僧侶，在燃香未熄滅前一動不動，周圍裝飾著金像和蠟燭，他的靈魂飛升到了靜謐和美的世界。除了周圍的木雕和塗漆門窗框，他的生活與苦行主義者無異。

京都「枯山水」、良緣寺和韓國一些人跡寥落的精美廟宇，這些地方的樸素和美，讓我們達到存在的無限境界。

侘寂的審美觀

「無一色擾亂居室的色調，無一聲侵擾事物的節奏，無一舉一動打破和諧，無一字一語打斷周圍的渾然一體，所有動作都乾脆而自然地完成……這就是茶道的追求……

「從上到下，一切都樸實無華：賓客們細心擇取樸素的穿著。各色器具上閃爍著歲月的痕跡，因為除了竹製茶筅與麻布拭巾，這裡不能出現嶄新之物。」

——岡倉天心

這一思潮源自一套經由與世隔絕的隱者，所擇取的積極審美價值觀：他能更好地欣賞生活中的各種微小細節。它把如下事實概念化：世界所毀滅的，它也在建立，隱藏在不完整、不圓滿的事物之下的，是更淡然的美。

侘寂[2]藝術家們運用的材料是超驗性的完美體現；模糊透光的米紙，一團乾泥

註2——侘寂（wabi sabi），日本美學意識的一個組成部分，一般是指樸素又安靜的事物，強調本質的素樸之美意境。

巴的裂痕，金屬的鏽跡、多結的樹根、稻草、爬滿青苔的石頭……

日本的侘寂概念創建於十四世紀，代表理想和純粹形式的貧瘠。

猶如順勢療法，侘寂的精華是一點一點釋放的：劑量愈小，效果愈好。

神道教十分重視粗茶淡飯的生活方式，這一點極大促進了對一種審美體系的奉行——最高效地運用最簡陋的場所和材料。

偶然事件的無常變化帶來了一種天然的趣味：樹上的節子、燒製陶瓷時意外產生的圖案、岩石被腐蝕的痕跡……

禪要求我們對藝術品和藝術家在作品上留下的印記保持警惕。它要求人不要成為物和他人的主人或僕人，也不要成為自己感情、原則和欲望的奴隸。在禪看來，美就是一種無憂無慮、超然物外的狀態。只要達到這樣的狀態，就沒有什麼是不美的了。這是一種精神狀態，欣然接受那些無法逃避之事，安然享受宇宙的秩序、物質的貧瘠和精神的富足。

美是必不可少的

如果你身無分文，
只剩兩塊麵包，
那麼賣掉一塊麵包，用這最後幾毛錢
買一束風信子，充實你的心靈！

——波斯詩歌

日本人始終奉行極簡主義，但他們的極簡主義離不開美。一百年前，即使最低賤的家庭也堪為潔淨的表率，而且每個人都懂得作詩和插花藝術，能烹製精緻美味的飲食。

禪不僅是宗教，它首先是倫理。對決意奉行極簡主義的人而言，禪可成為榜樣。

我們在內心深處都需要條理。禪使我們擺脫各種惶惑，包括物質和身體上的。禪教導我們，愈簡單的東西愈強大。

聆聽音樂，觸摸柔軟之物，嗅聞玫瑰香氣……這些都自然地吸引著我們，給我們活力和快樂。

幸福需要各種形式的美，我們人類的需求比理智的要求稍多一點點。我們的心靈需要美，就像我們的身體需要空氣、水和食物。得不到美，我們會變得憂傷、失落，甚至會發瘋。

美需要凝神欣賞，且會讓人無法自拔。莎士比亞、巴哈、小津安二郎[3]……讓我們逕直與生命觸碰。

美學和倫理互相聯繫，日本人用美來延續對生活的熱愛。

真正的奢華存在於居室內，自然得讓人視若無睹：散發皮革氣味的沙發、喀什米爾花格子毛毯、水晶杯、白色亞麻桌布、樸實無華的隔熱白瓷盤、高品質的埃及棉厚毛巾、沒有任何裝飾品但有個能在冬天燃燒木頭取暖的爐子、一束不惹眼的鮮花、隔壁花園裡採摘的新鮮蔬菜……

虛偽的奢華是「買來」的，是複製在潮流雜誌上看到的家居內景；買來一堆跟舒適無關的高科技玩意；靠著幻想把各種食材搭配在一起，但做出的食物根本無法下嚥；去「時髦」和人滿為患的地方度假，卻不得不靠鎮靜劑抒解疲憊。

註3——小津安二郎（1903-1963），日本知名導演，電影《東京物語Tokyo Story》是他的經典代表作。

生活得優雅而完美

「他不為人知地過著節制的生活。但長期的淡泊生活沒把他變成一個老刻板……他對人對事和談吐的品味實在是優雅迷人。」

——瑪格麗特．尤瑟納爾，《哈德良回憶錄》

帶著格調做事讓生活變得無限豐富。所謂格調，就是：吃早餐前梳梳頭髮；就餐時放一點輕音樂；盡量避免使用塑膠和聚乙烯製品；每天使用銀餐具，而不是只在客人到訪時才用。

二十世紀三〇年代美國大蕭條時期，金錢比不上格調重要。因為差不多所有家庭都一貧如洗，顯出各個家庭高下之別的不再是金錢，而是談吐、教養、文法、道德觀和對好東西的品味。人們每天都在使用自己所擁有的最漂亮的物品，都在餐桌上擺一束花。生活中總是可以做得更完美些，尤其細節實在是太重要了。盡善盡美的細節使我們平和安靜，透過細節，我們關注更重要的事物。如果細節被忽視，它們會像小蟲子一樣叮咬得我們不舒服。

格調和細節幫助我們不斷超越。

在日本，姿態美代表著意向與行為之間的完美平衡。對筷子的掌握、在榻榻米上的坐姿等，都是為了優雅而嚴格奉行這種苦行式的生活。

條理整潔的「少即是多」原則

整潔和倫理

「整潔無瑕、井井有條，廚房沒有一點污漬，有一股好聞的味道……女傭對自己的工作十分滿意，非常驕傲和看重；總之，生活中一切的平靜盡在其中。」

——喬治．吉辛[4]，《四季隨筆》

茶道源於一套旨在培養紀律和精確感，以及恢復思緒條理性的簡單嚴格儀式。觀察一個耄耋老僧的臉，就能明瞭這種儀式的益處。

除了冥想外，僧侶還要做家務、清潔和園藝工作。他懷著尊敬之意悉心照料周

註4——喬治．吉辛（George Gissing, 1857-1903），英國小說家，維多利亞時代後期傑出的現實主義作家之一。

園的一切，因為他知道生活依賴於這個世界。對他來說，掃帚是神聖物品，當他拿起掃帚，首先打掃的是自己的靈魂。

禪的教義認為，家務勞動讓人變得純粹。在一個纖塵不染的所在，把物品放回原處，整理房間，關門上鎖，就好像在清除世界的塵垢。灑掃庭除提煉了人和自然的本質。

清潔微不足道的一件小物品，也能給人帶來瞬間的安慰。你的平底鍋下面藏著神明，快把它們擦得錚亮如新。各種日常勞作是生命活動的一部分。每一天、每個季節都能做到最好。

在日本，人們不把做家務視為一件有損身分的事。學校裡的孩子、辦公室裡的職員、街道上的老人……每個人都在清掃勞動中開始一天生活。政府不會浪費納稅人的錢，去請馬路清潔工或「服務人員」。

家務勞動是生活的重要因素。清潔、打掃、洗刷和煮飯，讓人保持狀態，並對自己的生活充滿責任感。每天自己動手滿足所需的人，不容易出現腦溢血、中風，也不會頭腦昏昏沉沉，思慮像浮雲一般不能自主。

不管男人還是女人，只要有一點點體面，就算有能力讓別人來做，也應該做到把自己弄髒的東西清潔乾淨。不要輕視物質世界，美和善就在物質世界中。清掃房間就像刷牙一樣，是自己必須做的事。

讓你接觸的東西變得更美，即使你從事最低賤的勞動。我們的一舉一動都要帶有審美觀。每一個行為，即使是最微不足道的日常舉止，都能帶著創作活動的莊重來完成。

以下三則信念對你有幫助：

- 每個位置只放置一件物品，每件物品擁有一個位置。
- 整齊有序能節省時間，減輕記憶的負擔。
- 潔淨和井井有條的環境，是出色工作的開始。

樸素、潔淨和整齊有序

「整齊有序是美的基礎。」

——賽珍珠[5]

把床鋪疊得整整齊齊是對這個混亂世界的某種防禦。對於瘟疫、死亡和所有在

註5——賽珍珠（Pearl Buck, 1892-1973），美國作家。創作超過百部文學作品，其中最著名的就是一九三二年獲得普利茲小說獎的《大地》，並於一九三八年獲得諾貝爾文學獎。

睡眠中糾纏我們的噩夢，我們都無能為力，但整齊的櫥櫃證明我們至少能夠把自己的小角落整理得井井有序。

疊放床鋪帶給你小小的滿足感，同樣還有：洗漱後清潔盥洗盆；倒出穀片後仔細蓋緊穀片盒的蓋子，並把它們放回原位。品味一下你剛剛做過的事情，能獲得愉悅、滿意，甚至是美的感覺。

正是這些祕密的小快樂值得品味和培養。

美，是生命之所以有意義的少數原因之一。創造美好生活是最高使命。正是在整齊和潔淨這些細節裡，美浮現出來並支撐和哺育著我們。

當我們把周圍一切變得井井有序，同時也把自己變得井井有序。清空一個塞滿雜物的抽屜，或是整理一個櫥櫃，每一個整理和簡化的想法都讓我們堅信，生命中有些事是能夠被我們牢牢把握的。

做家務的藝術

把做家務當成快樂時刻。穿上適合做家務的衣服，放一段音樂，準備好好活動一下筋骨。不要使用太多種清潔用品，因為它們往往也是把家裡塞得滿滿的原因。只使用兩三種產品（無論現在還是將來，漂白水都是最有效的產品），把它們放在容易拿取的地方。如果你的住家是兩層以上房屋，請在每一層樓配備一套清潔用品，如此可以讓你不必費力地拿著它們上下樓。

準備一間儲藏室，專門收納掃帚、吸塵器、水桶等家務用具。

家務能手（整理物品的訣竅）

- 在廚房櫃門內側釘一個烤魚架，用來掛餐刀和大勺。
- 用書檔夾住托盤和砧板。
- 把毛巾摺成三摺，不露出縫線。
- 把棉球、刷子等物品放在透明玻璃碗裡。
- 收納電線和細繩時，先在拇指和小指上纏成「8」字形，然後再存放。
- 進行會弄髒衣物的活動時，用大垃圾袋代替圍裙。
- 在門板釘上掛桿和掛鉤，可以掛包、大衣、手套和圍巾等。

- 準備幾只折疊籃，用來分類收放洗好曬乾的衣物。
- 在存放文件、票據等的資料袋上貼標籤、寫明內容物。
- 盡量把食譜寫在易於修改和整理的材質上。
- 在櫃門內側貼上備忘錄。
- 在杯子裡放一把叉子，可做為立式名片夾用。
- 利用空紙巾盒存放照片、底片。
- 把一套床品（含枕套、被套、床單）收在枕套裡。
- 按照小、中、大的尺寸，把乾淨塑膠袋分別收進三個空紙盒裡。
- 把罐頭橫放在抽屜裡，能一目了然。
- 學習商店（格櫃等）擺放物品的技巧。
- 把工業用氈（或其他厚織物）剪成圓形，隔在珍貴的碟子中間。
- 在廚房隨手可及之處多放幾塊小毛巾和抹布，以備烹飪時用。
- 用除油的超細纖維布或普通刷子洗碗碟。
- 每晚把廚房用的小抹布浸泡在加了漂白水的水盆裡。
- 把廚房紙巾稍微沾溼蓋在保鮮盒裡的蔬菜上，保持蔬菜新鮮。
- 用橡皮筋把吸水毛巾固定在掃帚上，用來清潔天花板。

- 把抹布浸水，並滴一滴護髮素，可擦拭電視機、電話機等上面靜電吸附的灰塵。
- 清洗抽油煙機時，可以把它拆下來泡在浴缸裡，倒入廚房洗潔劑清洗。
- 不要栽植小葉植物（它們比大葉植物難栽種）。
- 把海綿切割成一到兩公分厚，這樣可以擦拭較窄的地方（滑動門的軌道、拉杆的軌道、竹簾的縫隙等）。
- 用百利Scotch Brite棉布清除毛衣上的毛球。
- 清潔冰箱裡的髒污。
- 在吸塵器的濾網上放一塊浸過香精油的棉布。
- 洗衣服時別放太多洗衣劑（這樣容易損壞衣物，讓廠家賺錢）。
- 洗套頭衫或貼身衣物時，要先放入洗衣袋裡，再丟進洗衣機裡洗。

總之，要簡單化

1. 絕不接受你不想要的物品。

2.丟棄物品或者把物品送人時，不要有罪惡感。
3.不要在浴室裡堆放索取來的化妝品試用品。
4.假裝你的房子已因火災全毀，把你必須購買的物品重列一份清單。
5.接著，把不打算再買的物品也列出來。
6.給你喜愛但從不使用的物品拍照留念，然後把它們清理一空。
7.體驗一下你的需求，如果有遲疑，就放棄這種需求。
8.把今年一次也沒用到的東西清理掉。
9.牢記這句真言：「除了必不可少的，我一無所需。」
10.要領會「少即是多」的道理。
11.把需要與欲望區分清楚。
12.試試你能「堅持」多久不用一件你本以為不可缺少的東西。
13.盡可能減少身外之物。
14.「整理」不是把東西重新擺放。
15.告訴自己，簡單化不是清理自己喜歡的東西，而是清理對我們的幸福無益的東西。
16.要明白沒有什麼是不能替換的。

17. 決定你要保留的物品數量（湯匙、床單、鞋子等）。
18. 為每件物品指定一個位置。
19. 不要收集空盒子、袋子和瓶子。
20. 最多只留兩件做家務時穿的衣服。
21. 留出一個櫃子，分類存放重要檔案、文件資料、充電電池、收據、地圖、光碟等沒有固定存放位置的東西。
22. 仔細審查每件物品：少一件物品意味著節省清潔一件物品的力氣。
23. 不時問自己：「我為什麼要留著這個？」
24. 盡量不留下可讓竊賊「借用」的東西。
25. 不要受你過去評估錯誤而買下東西的束縛，清理掉就是改正錯誤。
26. 享受把你所擁有的東西列出清單的樂趣。
27. 再列一張你已經清理掉的物品清單。有哪件丟掉的物品讓你後悔？
28. 告訴自己，為了自己的幸福，你要把所有讓你不舒服的東西丟掉，哪怕是有感情的物品。
29. 如果有更好的東西來替換還不錯的東西，絕不要猶豫。你會滿意的。
30. 不要接受次等的選項。身邊的每件物品愈接近完美，你就愈能獲得寧靜。

31. 口袋裡有錢的時候才買東西。
32. 不時改變能保持住宅的生命力。
33. 信任那些表現出優秀品質的經典物品。
34. 用一勞永逸的方法進行整理——清理一空。
35. 減少自己的活動。
36. 保證新增添的物品更小更輕、占用更少的空間。
37. 拒絕沒什麼用處的小玩意兒。

第　二　章

身體

「不斷打磨，才能做出玉瓶。」

道元禪師[1]

好好照顧自己的身體，就是解放自己的身體。很多人把大量時間、精力和金錢，花在裝潢住宅、為家人和朋友準備美食、關心別人或者去看表演，但卻往往忽略了自己的身體，還振振有詞說沒有時間散步、保養皮膚，或者制訂飲食計畫。

他們沒有意識到，對身體也應該保持平衡與高品質。很多西方人（特別是某個年齡層的人）沒有針對身體、外表，進行保養和按摩活絡筋骨的習慣。因為他們仍深受猶太基督教的保守觀念影響，認為身體代表恥辱和骯髒，不該受到重視。正是隨著基督教的出現，古希臘和古羅馬時期的公共浴池、按摩，和注重營養的飲食從我們的文化中消失。

保持良好氣色、健康體魄和軀體靈活，這樣的基本常識在現今社會變成了什麼？愚蠢、縱容、懶惰……還有對自己和別人缺乏誠實。在當今世界上仍然有無數人缺乏醫藥，甚至食不果腹，我們是否有權以享樂、美食、消遣和社會保險的名義，對自己的健康為所欲為，破壞身體的平衡，毀棄良好的教養？肥胖、膽固

註1——日本永平寺道元禪師（1200-1253），十三歲出家，日本佛教曹洞宗創始人。

醇、高血壓、黯淡而長斑的臉色、僵硬的關節，必須時時去看醫生……怎能把這一切都當作老化的必然後果而欣然接受，反而拒絕改變生活方式、生活習慣和飲食呢？

生活在一具讓你受罪和行動困難的皮囊內，既無法閒適自由的活動，也無法有尊嚴的獨立生活，簡直就是種奴役生活，確切說是被自己奴役。這種奴隸的日子並不是別人強加於你的！

事實上身體的需求有限，然而這條界線一旦崩潰，就會變得無止境。我們的身體不應該被忽視，因為我們的生活有賴於它，而其他人的生活又有賴於我們。當然，只關心自己（運動、飲食、保養等）是精神上無能的訊號，但為了擁有得體的生活，自我是不可少的。有必要學習（更準確來說是重新學習）凡事適度、靈活、自我滌淨、規律。

不可讓身體妨礙靈魂，必須讓你的頭腦和精神隨時保持清明。

1

美麗與你

建立自我風格

做自己

「不自我修飾之人，沒有權利接近美。」

岡倉天心

以美示人，就是以本我示人。我們所有的缺陷和小小不幸，都是教育我們認識自我和走向成熟的機會。

多種元素造就了美：鎮定自若、自信、風度翩翩、儀態嫻雅、充滿活力……

女人正是相信自己的魅力，才變得可愛迷人。因此，認識和接受自我是至關重要的。

衣著、化妝、品味、潮流等，都需適合你的真我，並且做個探索各年齡層的開拓者。年逾百歲不再稀罕，這種可能性愈來愈大，不要認為年齡增長注定帶來疾病。

隨著年齡增長，你同樣可以變得更有能力，具有更多精力，更加美麗。那些動輒感到疲憊乏力的女性把這一切歸咎於年齡，然而事實上是因內分泌失調所致，她們對於這些全然無知。她們夜裡失眠、血糖過低、精神衰弱、記憶力減退、無法控制吃甜食的欲望……

不過，醫生說因不良情緒與壓力所導致的內分泌失調，還是能憑藉著積極的思維進行「充電」。保持心情愉悅，或者多與常保心情愉悅的人接觸，對健康和美麗極為重要。笑一笑，看看搞笑電影，講講有趣的故事……

你可以下決心改變：換一套不同風格的衣服，早餐改喝別的飲料來代替咖啡，上班時走另外一條路，給平庸之處增加一點新奇想法。

步行，烹飪，充滿精力地生活。美的另一個重要成分，是生活的樂趣。要警惕壓力、不安、憤怒、傷心和恐懼：它們是你的敵人。努力讓自己學會盡量輕鬆地擺脫這些情緒，彷彿它們對你無所觸動，這樣才能維持你的生命源泉。這樣做比莫利納爾[1]的乳霜還有效。所謂佳麗，應該處事淡然、心無罣礙。對鏡自照，找出最細微的消極、憂慮、疲憊和憤怒的跡象，然後，放鬆和微笑。

外在的嫵媚與內在的美麗

「如果你沒有什麼可創造的，就創造你自己吧。」

——榮格[2]，《榮格自傳：回憶・夢・省思》

醫生、美容師和化妝品櫃檯的櫃員等，任何人都不會比你更在意自己的身體。我們要對自己的身體負責，忽視它是我們自己的錯誤。為什麼如此忽視身材變形、早衰和疾病的危險訊號呢？健康是我們的最大財富。我們必須意識到，每個人都擁有某種形式的美。為什麼非要等到疾病纏身，才後悔沒有保持這天然的賜予呢？

但是，只有與內在美和諧一致，外在美才能熠熠生輝。

註1——莫利納爾（Molinard），成立於一八四九年，聞名於世的經典品牌。

註2——榮格（Carl Gustav Jung, 1875-1961），瑞士心理學家、精神科醫生，分析心理學的創始者，對於近代深層心理學和潛意識研究具有相當的影響力。

在胡志明市，有三分之一的民眾沒有住房，流落街頭。然而，每天清晨公園裡都熱鬧非凡，成百上千各種年齡層的人在那裡慢跑，舒展四肢，活動筋骨。在一株大樹下，有幾名老婦人一邊閒聊一邊等待客人，她們分別買了一臺便宜的體重機，租給那些關心自己體重的運動者。這些運動者希望保持健康的身體，因為這是他們唯一的住房。每個人都應該耐心打磨自己這顆寶石，讓它璀璨奪目。不需要畫布和畫筆，我們只需要用自己的身體和頭腦來表達。努力保持美麗和身材，像藝術創作一樣重要。衰老是對美的最大考驗。隨著歲月流逝，年輕時的外在嫵媚，成為漸漸顯露和豐富的內在美麗。所謂美麗，就是讓人看著舒服，這個與年齡無關。一個人的韻味來自通情達理和品味高尚。韻味並不局限於形象和身體，也是智慧與某種內在的流露，是一種選擇和自我定位，關係到我們想成為什麼人，以及如何成為這樣的人。

不要成為自己身體的犧牲品

「女人應該塗指甲塗到九十歲。」

——阿納伊絲・寧[3]

註3——阿納伊絲・寧（Anaïs Nin, 1903-1977），出生於法國巴黎，後來與母親移民至美國，歸化為美國籍。為二十世紀日記體小說家、情色家，是個身體力行的性解放先驅，亦與美國大文豪亨利・米勒（Henry Miller）有過一段情。

如果不關心自己的身體，你就會成為它的犧牲品。身體是你的皮囊，不能忽視對身體的關心，否則亦將波及對他人的關心。自愛之人才有能力幫助別人。你要竭力而為，這是對自己、家人和他人所應該做的。沒人會喜歡一棟敗壞頹圮疏於照顧的房子，對一個人也是如此。

儀表整潔優雅是一種責任。如果能遵守健康原則，不過度使用自己的身體，即使並無過人的天賦，你也足以憑藉對自己的洞察而變得嫵媚動人。

莎士比亞說，所謂自知之明，就是不要高估自己的未來。希望自己外在美麗，這並不是膚淺的想法，而是關乎對別人的尊重。美麗不總是上天的恩賜，它是一種自律，開始追求美麗意味著不再懵懂無知。外在美很大程度上是離不開健康和自信。充滿活力的人更加積極，更適應周圍環境，且更加自愛。

強調你的個性

「那時我祖母身上仍流露出女性特點。雖然穿一身傳統的灰白衣服，但她非常認真地把一頭厚厚的長髮盤成髮髻，還插一朵花。她從不用商店裡賣的洗髮水，而是用一種特別的水果洗頭。然後她添上最後一筆：滴幾滴自製的桂花油……她快活地做這些事，出門買東西前總不忘用一小塊煤描描眉毛，還在鼻子上撲些粉。她走路挺直，帶著驕傲和自信。」

——張戎[4]，《鴻：三代中國女人的故事》

擁有獨特風格會讓別人留下深刻印象，因此即使是不完美的外表也能展現美麗。這種獨特風格賦予我們魅力。

避免你的思想被平庸的日常瑣事所淹沒。每天，你都能夠透過選擇讓自己煥然一新。正是留心於最強烈流露個性的舉止，你才能在生活中留心自己的印記，無論是燃一炷香、插一束花、烹一壺茶，還是準備一頓飲食。要在你的身體和頭腦中發現屬於自己的方式。

你的行為方式加深了你的獨特存在。

不論或坐或站，適當的姿態會給你自信。不管你的長相為何，只要走起路來端莊有自信，在納瓦荷印第安人眼中就是「美麗」的。能讓脊椎如此挺拔的原因是什麼？維生素C還是自尊心？

註4——張戎（Jung Chang），原名張二鴻，英國籍華裔作家，暢銷書《鴻：三代中國女人的故事》是她的自傳。

光明磊落

光明磊落就是發自內心光明正大的行事。但要做到光明磊落，這個人必須充實、自信、淳樸，能應對和克服各種情況，做自己的主人，對尚未發生之事處之泰然。「盲從」的機械式動作有助於把精神集中在事實上，讓你毫不猶豫地做出對事情最好的處理方法。例如，當你接受一項工作時，你會在開始工作前先做嘗試和假設，但如果你熟知進行此項工作的程序與方法，你所做的決定都會是自然發生的。這個道理適用於藝術、語言和家務……

當一個人身體適宜時，會感到處處適宜。

強顏歡笑和狂躁不安給人的警惕

臉部表情能為我們增色，也能讓我們失色。美麗取決於遺傳、飲食和樂觀態度；明白臉部表達對一個人的影響是十分重要的，因為僵硬的表情不僅透露出你內心的緊張情緒，還會讓這種情緒持續。盡量讓臉部表情輕鬆，如此內心的緊張也會跟著減少。如果你努力對世界微笑，你會變得快樂，世界也會對你回報以微笑。

改善你的舉止

「怎樣做事，就是怎樣的人。因此完美不是行動，而是習慣。」

——亞里斯多德

我們透過行為舉止向別人展現自我，並在自己的優雅舉止中得到力量和休息。透著自尊的坐姿本身，就是自由和內心和諧的表現。當你的身體能自在掌握儀態，精神便能獲得解放和超越。學習正確的坐姿，能放鬆身體各部位並有助於集中精神。

不能把身體視為一團肉，必須視為藉以表達自我舉止所組成的整體。除了形體美之外，動作與臉部表情也是決定一個人是否優雅的因素。

我們擁有一些可貴的儀態：步姿、站姿、微笑、微蹙、目視……這些儀態都能被改造、修正、提高，以達到更加協調。

我們應該努力嘗試找到最適當的舉止，最自然協調地運用身體語言的方式。膚質膚色、獲得鍛鍊的柔韌肌肉、體態苗條、舉止輕柔、動作流暢、行止自信，美麗正是從這些方面體現出來。

我們的日常生活充滿簡單的重複性動作，日本人從很小就在這方面開始訓練：坐立、洗漱、切菜、鋪床、擰抹布、摺疊和服等。

我們都應該重新學習走路、提舉重物、談吐更加端正、要言不煩……美國有所謂的「發聲教練」（voice trainer），他們專門教授如何讓說話音調更加優美，如何讓自己的聲音具有令人著迷的獨特魅力。

一切都可以成為訓練的內容。真正的唯美主義者和藝術家，能把儀態和外表融合為一、難以分辨。對身體的訓練，目的在於提高和保持才能。

每次重複一個動作，它都更加深刻地紮根在我們身上，最終成為或好或壞的真實性的展現。成為某種習慣。效果顯現後，訓練就可以結束了，就好像獲得駕駛執照一樣。掩飾真正的特性是令人遺憾的，因為簡單訓練就能夠消除偶爾粗俗笨拙的儀態。重複具有強制性，令人厭倦，但它具有驚人的效果。

用保養和睡眠解放你的身體

自我保養的重要性

「完美保養的人是美麗的，這跟他們佩戴多貴重的首飾無關。不整潔的人永遠不會漂亮。」

——安迪・沃荷[5]

想變得漂亮，要先打好底子：好看的皮膚、健康的頭髮、有力的肌肉和充沛的活力。想擁有良好體魄，只吃市售維他命是沒有效果的，應該合理進食、進行運動並保持足夠的睡眠。健康的飲食加上乾淨的身體和適量運動，你就能擁有一副好體魄。

如果能再遵循一些簡單的祕方，並實行一些原則，那就更好了。祕方愈古老愈有效，因為無效的早被人忘掉了。

註5——安迪・沃荷（Andy Warhol, 1928-1987），美國藝術家、印刷家、電影拍攝者，視覺藝術運動普普藝術最有名的開創者之一。

雕琢、潤色、淨化、清潔、滋養和修飾你的身體

「皇帝般的奢華……迅捷、輕便的行李、最適於氣候的穿著……但他最大優勢在於完好的身體條件。」

——瑪格麗特．尤瑟納爾，《哈德良回憶錄》

身體狀況欠佳或得不到最好的保養，就不可能無拘無束。只要自己的缺點獲得改善，就會忘記自己的外在，就能表現得更加率性、樂觀和熱情。具有個性和自信的女人總是那些保養得宜的。指甲油脫落、衣服過緊或過寬鬆、出汗、口氣不佳、牙齒泛黃、睡眠不足、頭髮油膩，這些狀況能毀掉你的一天、一次旅行或一次約會。

化妝的人能散發出積極的氣場。不要消極被動，你能變得更加陽光。在自己身上花費精力（清潔皮膚、按摩或修剪指甲）的第一個效果，是讓你意識到身體的存在和你正在打理身體。

美容保養的準備工作

梳理自己對身體保養的想法，重新整理浴室。只要你忠實奉行，某些儀式和簡單原則將內化為你身體的一部分。

對身體保養的同時是對精神的保養，也是對其他人進行保養的前提。所有事情的進行都要先經過思考，要積極對待，拓寬知識面，微笑面對，並擁有自信心。

準備一面落地鏡、一臺準確的體重計和一本小冊子。把你的體重、偏愛的美容用品和幾項美容祕方（不要太多，否則難以落實），記錄在小冊子裡。同樣記下健康問題和就診日期，如同管理預算一樣管理健康和美容。

要明辨哪些保養需要專業人士的幫助（例如剪髮、洗牙、割除影響美觀的小肉瘤），哪些簡單保養能自己解決（例如修剪指甲和趾甲、敷面膜和頭髮保養、按摩等）。

一切都需要理性對待。很多女人花大錢購買瘦身產品，但卻毫不節制地吃甜食。她們最需要的是梳理一下自己的想法和生活，應該先找出心理、情緒和疾病原因，然後對症下藥。

把你的浴室變成小小的美容院，把它打理得整齊潔淨，賞心悅目，以便於進行身體保養。檢查一下你的化妝品，只留下少數幾件好用的產品。如此一來，將帶給你自信、快樂和滿足感。

2

極簡主義保養方法

皮膚、頭髮和指甲（趾甲）

皮膚保養

對皮膚而言，「少即是多」的道理仍然適用。大多數商業產品對皮膚會有損害。

首先，盡量避免食用加工食品。英國人把它們稱為「垃圾食物」（junk food）。本著對健康和美容有益的原則選擇食物，不要屈從於自己的喜好和貪食。中國人把食物視為藥材；但在法國，極少有醫生還會建議風溼患者食用全麥麵包。

你還要明白一點：市面上也有跟垃圾食物一樣多的垃圾美容產品。用優質的甘油或蜂蜜香皂清潔肌膚，晚上時用它「卸妝」，就算你這天沒有化妝也一樣。一天下來，灰塵和雜質已嵌入皮膚分泌的保護膜中（這就是晚上膚色發黃的原因），而皮膚需要呼吸。早上起床洗臉不需要使用香皂，最好的護膚品是冰涼的水：日本女性會輕拍臉部一百五十次，以促進血液循環和改善臉部色澤。

其次，按照膚質選擇保養方法：如果皮膚細膩有光澤，那麼幾乎不需要做什麼保養。如果皮膚乾燥，就需要塗抹一兩滴油，注意要先在手心裡用手指把油抹勻，才能讓皮膚好好地吸收。總體原則是，適宜食用的東西也適宜滋養肌膚，比如橄欖油、酪梨、芝麻、杏仁……泡剩的茶葉水可當保養品塗抹，其中的天然油質對皮膚有保護作用，同時不會堵塞毛孔。

塗抹保養品的時候，順便做一下按摩。這種日常性動作值得學習、理解和實踐。我們臉部有三百多塊細小肌肉，它們形成整體，支撐著臉部組織。同時，皮膚的好壞在於彈性，注意不要過於用力揉搓，以及讓壞習慣（手捧臉頰或支撐下巴）使皮膚變得鬆弛。

用心做保養非常重要，因為態度決定保養的效果。保養肌膚時懷著對它的愛心，就像澆水時對著花兒說話，會讓它開得更美麗：皮膚、頭髮與身體組織、環境，尤其是意念之間存在緊密聯繫。

最後一個建議：陽光是頭號敵人，出門時戴上帽子和眼鏡能減少皺紋滋生。

不要再做浪費錢卻損害皮膚的事情

沐浴在新鮮空氣中，讓皮膚呼吸。盡量穿著輕便衣服。每天重新啟動你的能量中心。所謂的裸體有兩種：一種是沒穿衣服的裸體，一種是體內不含化學物品的裸體。

保持皮膚潔淨柔嫩不需要肥皂、乳液和乳霜，只需要去垢和滋養。放棄化學物品、乳液，以及其所產生的副作用。避免落入美容工業的圈套。皮膚和消化系統一樣，給它什麼就吸收什麼，還會傳輸給血液。某些美容品含有毒素，會污染我們的組織器官。

最好的皮膚保養方法，是健康的滋養、足夠的睡眠、純淨的水，和……幸福。其餘都是次要的。不需要昂貴的保養美容，皮膚的保養應該僅限於深層清潔、補充營養，以及做好防護。

不過，這種簡單化的主張並不容易執行，因為它簡單到令人質疑。我們長期被雜誌和廣告洗腦，被灌輸了關於身體和美容保養的偏見，被擺布愚弄，以至於相信愈昂貴的產品愈有效，如果不用這些產品就彷彿自己罪不可赦一樣。但如果去問問一位美麗的女人，她究竟用了什麼才留住美貌，她可能會回答：「哦，幾乎沒用什麼。」

青春的面容

誠然，眼睛浮腫和黑眼圈往往是身體疲乏和肝臟虛弱的表現。保持適度飲食，少食香料、肉類、食鹽、甜品和油膩食物，能夠逐漸消除這些症狀。簡單的喝醋養生也有助於恢復膚色明潤：每天將五十毫升食醋加水稀釋喝，連續一個月後效果一定讓你吃驚。

用保養油進行臉部按摩，持續按摩眼部周圍以促進血液循環（從眼角開始先順時針按摩三圈，再逆時針三圈）。然後做一個簡單的眼球體操，在低頭的同時眼睛向上看，然後轉動眼球。

時常照鏡子，不要逃避自己的形象。這樣做才能取得效果。長期重複某些動作，使其成為一種良好習慣。因為如果沒有良好習慣，不可能擁有健康和美麗。

在「心理」層面上，每個人的心理年齡不同，跟生理年齡關係不大。心理年齡偏小的人往往行為衝動；他們買東西憑的是一時興趣，聽到奉承就得意忘形，缺乏耐性，幾乎不會運用臉部表情。他們講話只說我、我、我，完全無視對話者的存在，對社交一竅不通。

心理年齡成熟的人時常微笑，很少談論自己，反而他們更顯得年輕。

一些「獨門」美容祕方

去角質

將紅豆磨成粉，取一咖啡匙的量放在掌心加少許水調勻，然後輕輕揉搓皮膚表面。也可用木瓜皮或芒果皮的內面揉搓臉部，這些水果含有十分有益於去皮脂（和體內油脂）的酶，化妝品生產廠家在很多產品中都會少量添加這種酶。

深層清潔

燒開兩公升水，滴入二至三滴精油（薰衣草、檸檬等精油），為臉部做蒸氣浴以打開毛孔，然後敷上「自製」面膜：一到兩咖啡匙麵粉，與同樣分量的優酪乳、檸檬汁、米酒、根莖類蔬菜汁等混合。事實上冰箱裡所有新鮮食物，都具有護膚作用，你可以親自體驗和判斷。

食物、水和睡眠

- 嘗試只食用新鮮和天然食品。
- 飲用礦泉水以攝取其中的礦物質成分（水是最好的美容品）。

• 在午夜之前上床睡覺，每晚睡六到八小時。睡眠時間過短或過長，都不利於健康。

• 在飲食中加入豆製品，有助於駐顏防衰。

• 了解辨識和選擇具食療養生作用的食物，包括穀物、水果、香辛類蔬菜等。

• 皮膚衰老的決定因素不是皺紋，而是循環不順暢造成膚色暗淡。

• 醋是另一個「祕訣」。加少許水稀釋後抹遍全身及頭髮，再沖水洗乾淨，它能化解皮膚和頭髮上的肥皂殘餘。一瓶洗浴用醋、一塊香皂、一瓶好油、一瓶洗髮水和一瓶護髮素，你應該擺在浴室的只有這些。

粉底

女人發現適合她的粉底，似乎以為這樣就能征服世界。

要購買品質好的粉底，還要小心它在皮膚上的殘留物。只在T形區和眼底抹粉底，一定要量少，用指尖輕輕抹勻，但不要讓它深入皮膚。粉底塗得太多會顯得不自然，不論任何東西，在皮膚上塗抹太多都會堵塞毛孔。少即是多的原則也適用於粉底。

乾性皮膚

每天吃半顆酪梨，再取相當於一咖啡匙量的酪梨搗碎敷臉（保證效果驚人，你試過就知道）。在洗臉水中加入一杯日本米酒和三滴油，先用肥皂洗臉再用這水沖淨。如果是一般皮膚，加少許油即可。對於中性和油性皮膚，最好的保養就是……不必保養。找出油性部位並在這些部位抹上肥皂，然後用毛巾擦拭。早上用溫熱的油（夏天就用冷油）擦一下即可。不要使用乳製品（優酪乳除外）和小麥製品。

最適合的油

找出適合你保養臉部、頭髮、身體和指甲（趾甲）的最佳用油。各種乳霜都會加入甘油，然而甘油會堵塞毛孔，妨礙皮膚呼吸。不要為了滿足虛榮心而在浴室裡擺滿化妝品。留下空間進行身體保養，盡量讓身體純潔、乾淨和美麗。浴室裡的東西，能反映出你的保養類型。

我們的身體內外都需要油。

體內

為了身體健康，每天的食物中必須包含至少一匙優質冷榨油，因為它具有軟化和養護腸道的功效。

體外

人體骨骼會隨年齡增大而變脆，塗於體表的油會被迅速吸收並滲入骨骼，有助於預防上了一定年紀的人經常發生的骨折現象。可以追溯到古代時期的塗油按摩，不僅是一種奢侈享受，也是一種預防性保養。

酪梨的油對身體和臉部具有相當好的效果。它能防止魚尾紋的出現，增加表皮彈性和柔性，而且不會引發粉刺，並富含維生素B和E。它還可用於頭髮護理，能夠分解皮脂，讓皮脂在洗髮時被輕易去除。

在洗澡時，偶爾（每月一到兩次）先在身體上抹上一層油，再泡入熱水中。完全不必擔心（不超過一湯匙的）油，會讓洗澡水變得油膩膩的，因為在熱水的作用下毛孔會完全張開，油很容易就被完全吸收到體內了。放一段韋瓦第的音樂，點一支香燭，放鬆全身心的浸泡在浴缸裡。出浴之時，你的皮膚會如同嬰兒一般柔滑細膩……

油，也能將臉部清潔得很好，最頑固的睫毛膏也會被清除得無影無蹤。方法很簡單：在沒有水分的手掌上滴少許油，先雙掌摩擦生熱再按摩臉部，在化妝品塗抹最多的部位多按摩幾下，然後手上沾水再按摩一遍，最後用水沖淨（溫水和冷水均可，必要時使用一點香皂清潔）。擦拭乾淨後瞧瞧這張光滑、潔淨和毛孔細緻的臉吧，滋潤臉部不需要任何東西，包括各種乳霜和乳液。最簡單的保養就是最好的保養。

每種油的成分均有所不同，因此要選擇最適合你的油。酪梨油是最貴的油之一，可以與一種花精油混合，花精油會在皮膚上留下可人的花香。你還可以試試給嬰兒用的甜杏仁油、角鯊油或水貂油。

不過，有些品種的油氣味較刺激，如橄欖油和芝麻油，使用這些油可能會令人感到不太舒服。

頭髮

髮質很大程度上取決於你所攝取的食物，藻類和芝麻可說是頭髮的仙丹。

除非潮溼或炎熱季節，否則要避免洗頭過勤。盡量少用洗髮精，而在使用洗髮精時，取適量加一小碗水先把它打出泡沫，然後再抹在頭髮上。這樣可以避免常見的洗髮精殘留在頭皮上的情況。在用清水沖洗乾淨後，用一杯加入一匙蘋果醋的純淨水，沖洗最後一遍。試著在洗頭髮的同時按摩頭部，特別是在頭部的一些穴位加強按摩。人們很容易忽略頭皮的健康問題，心情緊張也會導致頭皮緊繃僵硬，影響頭髮生長。按摩時需十指伸直，頭皮並有從顱骨處皺起的滑動感，反覆多次進行。最後，抹一兩滴你的「特用油」，增加頭髮亮度並保持自然乾爽。

定期到美髮院整理頭髮。如果太久沒整理頭髮，在那段遲滯的日子裡，心情一定也會很糟糕。

梳頭時要把頭朝下（這是為了促進頭皮血液循環），而且要輕柔，同時絕不在頭髮溼漉漉時梳頭。選擇疏齒的木梳。日本女性以濃密長髮而聞名，但在西化之前從未見過髮刷。

去美髮院時，不要把一切都交給美髮師處理，而要向他詳細說明你的需求。愛護你的頭髮，尊重它的髮質。相較於造作地燙染或修剪成驚世駭俗的齊頸短髮，一頭精心護理的天然秀髮更為女性的姿容增色。

向美髮師請教如何自己修剪頭髮、保持乾爽，以及如何自己配戴髮飾等。與美髮師預約專門時間，請他示範適合你的髮髻和髮辮。如果他不願教你，就去找個更會做生意的人！臉型乃至體型與髮量多少，密切相關，每個人都一定有適合自己，能為自己形象增添光彩的髮型。

如果頭髮狀況允許，不妨讓它長長，然後把它盤成髮髻。即使是一頭白色或銀灰色頭髮，一個好看的髮髻，配上鑽石或珍珠耳墜及亮麗的唇紅，也能顯出任何女人的雍容和脫俗。

橄欖油或酪梨油護髮

再次提醒，千萬不要把浴室塞滿東西，或者花錢購買效果一般的護髮產品。

加熱一個小咖啡杯量的（實際分量必須根據你的頭髮量來決定）橄欖油或酪梨油，但不要加熱至沸騰，塗抹於乾燥的頭髮上，然後敷上一條溼熱毛巾，作用是讓油分深入頭髮內部。如果毛巾變涼，就把它浸入熱水中加熱，而後重複如上的包覆動作四到五次。最後用溫和洗髮水洗髮。這樣能增加頭髮光澤，降低乾燥程度。亦可在油中加入一個新鮮蛋黃和少許萊姆酒，在頭髮上作用二十分鐘。美國女性會使用兩到三湯匙的蛋黃醬，效果也不錯。

如果有條件，最好每週進行一次這種「自製」護髮。

指甲（趾甲）

指甲（趾甲）也能讓你增色或失色。

精心保養的漂亮指甲（趾甲）能讓你精神振奮，也讓你驚豔。

到美容院讓專業美甲師為你做幾次指甲（趾甲）護理，如此可以趁機學習保養的方法和步驟。盡可能多問些問題，努力記住做法。之後，自己做自己的美甲師，把所有工具——幾條毛巾和一只盛著熱水的碗——放在托盤上，準備一部好看的影片，一杯可口的飲料，把電話轉到答錄機，現在把所有精力集中在你的二十顆珠寶上面。

保養的步驟

1.銼指甲（趾甲）。

2.在角質上塗油（增加其柔軟度），在熱水中浸泡指甲（趾甲）十五分鐘。

3.用一支泡過你自製的「特製油」的檀木棒按摩去角質，用鑷子去除小片死皮。如果經常刷指甲（趾甲），死皮就不常出現，所以一支品質好的硬毛指甲刷是必不可少的。

4.用指甲拋光棒替指甲（趾甲）拋光。

5.用「特製油」按摩和滋養指甲（趾甲）。著重護理指甲底部，那裡是指甲（趾甲）生長的部位。水和溶劑是指甲（趾甲）的敵人，它們讓指甲（趾甲）變得乾燥和脆硬。每天為指甲（趾甲）根部滴一小滴油，尤其在指甲（趾甲）沾水之前，如此一來即使頻繁接觸水，指甲也能得到深層保護。當然，如需長期泡水，就必須使用橡膠手套。

6.用紙巾擦除多餘油質（不要用棉花，因為會留下絨毛），再塗上一兩層底油和一層有顏色的指甲油。令人意外的是，塗抹得當的指甲油可保持將近一個星期不脫落，並對指甲具有保護作用。

選擇一把品質好的銼刀來清除手腳上的角質，使用銼刀時不要沾水，清除後抹上油用力按摩。

指甲的長度和形狀要能讓手顯得漂亮，並時時修指甲，維持這種適當長度和形狀。僅比底油色調略微厚實的指甲油，就足以襯托出搭配漂亮手掌的完美指甲。至於趾甲，較為亮麗的色彩會在每次脫去鞋履時，帶給你一絲隱祕的快感。

告別不完美之處

清楚自己的身體，實現身體與精神的溝通

改變習慣，重塑健康。開始深層的清潔：沉積毒素的身體器官無法良好運轉。皮膚是健康的晴雨表，它的首要功能是排出毒素。要排毒成功的祕訣是：水、用毛刷刷身體、清楚認識自己身體和真正的決心。

創造這副體魄的是你自己。幾個世紀以來，日本人、瑞典人和很多其他民族習

慣用毛刷刷身體。

搭配平衡的飲食，刷身體是最有效的預防醫學和美容方法之一。無論你身處何地，它都是一種免費可行的保健方式。

想要感受通體潔淨，擁有光澤肌膚，就來刷自己的身體吧。

一起實施這種迅速便捷的脫皮儀式吧。刷身體有助於清潔藏有污垢的肘部和指骨部位、粗糙的膝蓋和腳後跟，去除乾硬的角質、腿部的厚繭和身體上的死皮。連續數日刷身體即可看到明顯效果。

刷身體能提振精神，增強活力，提高免疫系統抵抗力。它能打開毛孔，促進毛孔呼吸，增強指甲（趾甲）硬度。

人體老化新陳代謝亦會跟著減緩，沒有刷體習慣的人皮膚細胞將逐漸惡化。刷身體有助於清潔淋巴系統的運行，因為淋巴液會流經全身帶走各部位的廢棄物，再透過皮膚或腎臟排出體外。乾刷有助於清除皮膚表面殘留的毒素，體內三分之一的廢棄物（據說每天達四百克）透過汗腺排出表皮。

此外，刷身體亦可刺激腦內物質的產生，腦內物質滋養血液、肌肉組織、神經細胞、腺體、體內激素和五臟六腑。如果沒有這種身體接觸來刺激腦內物質分泌，我們的身體會猶如缺少食物一樣的感到嚴重匱乏。

用刷身體來開始一天的生活，享受它為你身心帶來的好處。刷自己的身體就像一種儀式，是一種自愛的方式。把刷子隨身攜帶，竭盡所能照護自己的身體。只要明確知道自己想要什麼，絕大部分的作為就會是朝此方向前進。

大部分女人的生活狀態只是「活著」而已。她們所想的往往只是「我能減去十公斤就好了……我沒有這麼大壓力就好了……我不要常常失眠就好了……我能找到自己的白馬王子就好了……」她們對日復一日地「活著」感到心滿意足，把自己曾經的夢想拋到九霄雲外。從照護自己身體開始，很多事情都將發生改變。開始刷身體，就表示你建立一種新的照護方式，養成新的習慣，更有張力，對自己的身體有清楚認識（包括飲食、化妝、美髮等）。

刷身體還是一種療癒：皮膚是一種感情器官，在每個皮膚細胞裡都保留著創傷記憶。醫學界不久前發現，除了大腦的記憶外，還有一種細胞記憶；每個細胞都記錄著事實，感受著快樂和痛苦，隨著我們的情緒起伏發生反應。美國醫生克莉絲汀．諾珊普[1]由於對這個課題的研究，而名聲大噪。她說，在按摩的作用下，可以消除細胞某些創傷。泡澡和刷身體也有助於細胞痊癒。

懷著感恩的心接受自己的健康、美麗和智慧，並且每天不斷地努力改善和提升自己。

註1——克莉絲汀．諾珊普（Christiane Northrup），美國醫學博士，亦是婦女健康暢銷作家。

如何進行刷身體

每天在沐浴時、穿衣前，或是上床睡覺前，刷一遍全身。你會感到小小刺痛但很舒服，你會刷去一整天的疲憊和煩惱，上床時很快就能入睡。

1. 刷身體。
2. 沖洗（與淋浴一同進行）。
3. 用一塊小粗毛巾擦拭身體直到發出光澤。
4. 抹油（全身用半咖啡匙量就夠了）按摩全身。
5. 刷身體時，從腳趾開始（多揉揉趾甲），然後是足部、足後跟、腳踝、腿肚、膝蓋、大腿（四周）、臀部、腹部、胸部、肋部、腋窩、上臂、肩部、手指（特別是角質部分）、手部、頸部和耳朵（揉擦時別太用力）。

按摩時可用小粗毛巾做為輔助工具。用力一圈圈地按摩，包括腳趾。集中精神地按摩每一塊區域，並按照從外到內的方式一圈圈按摩。

整套的身體保養

在一面大鏡子前仔細觀察自己，找出贅肉、乾燥皮膚、血腫、老繭、斑點、靜脈曲張等，身體上的不完美。減少這些不完美，意味著美麗、自由和力量。浴室應該成為享受美容的聖所。把浴室櫥櫃裡的化學物品清理一空，換成如下所列物品：

- 一把用於刷身體的好毛刷，需是用純野豬毛製成的。
- 一條用於擦拭身體的小粗毛巾。
- 一塊香皂。
- 一瓶溫和洗髮水。
- 一條擦拭頭髮的毛巾。
- 一瓶油。
- 一瓶蘋果醋。
- 一只小碗，用來稀釋醋、打出洗髮水的泡沫、製作面膜和浸泡指甲。
- 一把木梳。

橘皮組織

市售用於消除橘皮組織的乳霜，可以說毫無作用。但如果你有毅力，運動和健康飲食可以解決這個問題。多吃新鮮的蔬菜水果，避免食用加工食品，飲用礦泉水，不要飲酒（酒會傷肝和破壞身體解毒能力）。每天走路或跑步四十五分鐘。早晚刷身體。經過六個月堅持不懈的努力，可以完全消除橘皮組織。

勇敢地去戰鬥吧：泡個長時間的熱水澡，清潔身體組織，並讓皮膚緊實有彈性。在入浴前喝一杯熱茶，這樣可以提高排污的效果。制訂飲食計畫時，不需要強迫自己接受魔鬼般的節食計畫。避免某些食物即可：全脂乳製品、紅肉、白麵粉[2]、甜品、酒精飲料、香辛料、含鹽量過多的食品、油炸食品、咖啡因和菸草。

清洗眼睛和鼻子

你聽說過西方人洗眼睛和鼻子嗎？

註2——去除胚芽和麥麩的精製麵粉，因大部分的營養素已被去除，所以在美國和加拿大地區規定白麵粉中必須另外添加營養成分。

在日本時，有次我到一位年長女士經營的溫泉休養。我洗完澡出來時，她問我有沒有仔細洗眼睛。看到我瞠目結舌的表情，她馬上取來臉盆和溫泉水。她把水倒在鋁盆中，把我的臉浸在水中，命令我睜大眼睛轉動眼球，而這樣做讓我的眼睛感到刺痛。她說，換三、四次水後，我就不會感到刺痛了。

於是，我順從地照她所說的，整個臉浸入水中張大眼睛，每次屏住呼吸三十秒鐘，然後……抬起頭時真是吃驚！我感覺看東西更加清楚了，我的眼睛得到休息，鼻子呼吸到從未有過的新鮮空氣。

後來我得知這種習慣在越南比丘尼之間十分普遍，因為她們認為身體的潔淨與精神上的純潔有著十分強烈的關係。

用洗浴滌淨塵垢

我曾說過，禪宗傳統認為身體與精神的清潔密不可分。與此類似，正宗的土耳其浴室都是依附清真寺而建，是讓人心靈沉澱的聖地。一段獨處泡澡洗浴的時光，是你集中思慮的罕見機會之一，是純潔身體和精神、獨自靜思的最豐富體驗之一。

一餐豐盛飲食之後，飲啜一杯烏龍茶，泡入一盆熱水，讓身體發發汗；隨即舒服地躺下，接著讓毛孔排出污垢；而後用溫水沖澡。泡澡對健康十分有益，不僅能促進血液循環，還有助於排出毒素。泡澡時必須要出汗才有效果。

熱水泡澡後再沖個冷水澡，真是讓人舒服。冷水觸碰到熱騰騰的身體，讓血管為之收縮，有助增強心臟功能。如同壓縮儲積的熱量，從熱到冷的過程讓皮膚血管收縮和開放，發揮調節體溫的作用，促使血液循環得以加快，而促進器官排毒。

刷過身體，死亡細胞被清除，這時除了排汗最多的部位外，身體其他部位不必再抹香皂清洗。聆聽一下音樂：和諧的旋律能促進大腦分泌所謂的「促腎上腺皮質激素」，這種激素具有緩和和鎮定作用。

享受水的撫觸，聆聽水的流動。中國人認為水是能量，即所謂「氣」的載體。盡量多飲水，早上醒來先喝一杯溫檸檬水提神。健康不僅只是不生病，還在於擁有和展現生命力。一個處於均衡狀態的人，生活中也會擁有信念、能量和動力。我們不僅需要食物，還需要「生命」能量。不要為了健康而健康，而是尋找快樂活潑地生活和工作的狀態。很多人低估了泡澡的重要性。每天泡澡對健康來說，絕對是必要的；它能促進新陳代謝，緩解肌肉緊張。在日本和韓國，泡澡是神聖的，很少有人不完成這個儀式就去睡覺。這或許是兩國人民的健康能經歷風雨考驗的原因所在。

遠離健身房

自己擬定健身計畫

你不需要結構式的運動或瑜伽鍛鍊計畫。

讓身體根據不同的時間和狀況決定它需要什麼運動。你汗流浹背地運動，不正是為了身體健康嗎？

閱讀雜誌和書籍了解各種健身活動，並向專家諮詢，上各種健身課程，然後根據各方面得來的經驗，擬定適合自己的健身計畫。合理的健身計畫是每週四次，每次一個小時。交替進行陸上、戶外，水上運動也十分必要。

練習瑜伽讓自己柔軟

「人們應該每天關照自己的身體，否則他們某天早上醒來會發現身體不聽自己的使喚。無法掌控自己的身體，那種感覺十分古怪。就我自己來說，與自己的身體『連通』，有助於我跟皮囊下這個真正的『我』更多地接觸。」

——莎莉．麥克琳[3]

生活就是不斷變遷和永不停息。讓自己變得柔軟，心情才能愉悅。柳樹隨風搖曳，生活中它不失優雅和美麗。

步行、游泳、健身運動……宅居的生活久了，身體某些部位的肌肉因為從來沒有活動，以致各種毒素沉積在組織器官裡，進而使得體內中毒。肌肉的功能至關重要，只要經過鍛鍊，就能呈現出天性之美。即使安坐不動，擁有勻稱肌肉的身體也能展現出生命活力。協調且勻稱的體態在運動時，能展現優雅和流暢，姿勢動作頓時出類拔萃。經過良好鍛鍊和保養的身體，直至暮年也能保持優良體質。

掌握全身每一分寸，需做到反躬自省與提高修養，這是對各種精神和身體才能的全面訓練。人要有所領悟，不僅透過精神一途，也可借助身體途徑。因為在追

註3——莎莉．麥克琳（Shirley MacLaine, 1934- ），美國女演員及暢銷書作家，曾獲美國奧斯卡獎、三座艾美獎、十座金球獎。

求完美的過程中，可獲得許多對自身的領悟，這一追求是各種東方規範的基礎之一。

透過運動鍛鍊來保持健康年輕的體魄。鍛鍊身體不僅能緩和不安情緒、改善外表，亦能增強掌握自我的自信。鍛鍊理應成為日常生活的一部分，與吃飯、刷牙同等重要。

每次鍛鍊肌肉，都是讓它變得更強健。不運動將導致肌肉萎縮，肌肉萎縮則會帶來肥胖和虛弱。生活的品質有賴於我們對所做所思，和所選擇之事的專注程度。給予足夠的關注，任何事都能有所進步。

努力在雙腿上「感受」大腦的存在。運動鍛鍊有助於「領會」思想。你的身體在甦醒，你的精神也在甦醒。鍛鍊過程中可能產生迅如閃電的思慮。

不要只是為了減肥而做運動和瑜伽，而是為了快樂而做運動，就像小時候在沙灘上嬉鬧奔跑，尋找動力十足的快樂。時常運動的女人似乎煩惱和壓力較他人為少，她們往往更加積極。

瑜伽尤其讓人變得美麗，除了單純的形體美之外，還能帶來陽光、熱情和某種氣場。

培育你體內的生命累積。放鬆才能更好地、絕不浪費能量地工作。努力從讓你綳緊的無形壓力中解脫，要獲得自由和自我解放，這是必不可少的步驟。

瑜伽也是健康之泉。它激發能量，提高凝神定氣和平衡能力。瑜伽必須定期做，但卻讓人感到非常快樂。每天「專注」十五分鐘，讓你獲益良多。

身心緊張消耗能量。每次伸展四肢時，享受感知身體和能量散發的快樂。洗滌雜念，全神貫注於正在伸展柔軟的身體部位。做完瑜伽後，你將發現自己從中獲得許多益處。

瑜伽可把萬物轉化為積極的能量。喚醒你的潛能，純潔你的身體，集中你的精神力量。聰明才智得以提高，你將可以抵禦各種消極想法，變得更加積極。

上幾個月或幾年的瑜伽課程，之後就能自己在家完成動作。一塊瑜伽毯、一套緊身衣、一面落地鏡、一段舒緩的音樂……你彷彿置身於自己的魔幻氣泡中。你將有超脫世俗之感，甚至連外表也不一樣了。一開始似乎不可能做到的動作，經過幾個星期的練習變得輕而易舉，這就像學習語言或樂器一樣。

把規範內化為你的一部分

身體是知識與技能的載體。讓我們回想一下日本茶道：茶道注重的是喝茶形式的學習。得益於這一規範，茶道大師擺脫了物質安逸和四肢懶惰，他達到完美的寧靜狀態。我們也可以固定且持續地把一部分時間用於冥想、閱讀、音樂和步行。這些規範是懷著愉悅而堅信的心情加諸在自己身上的。

在西方，紀律規範意味著痛苦、努力和忍耐；在亞洲，它則被理解為有益於身體、心智和精神。在文藝復興時期，有些在繪畫雕塑等創作領域的天才會反覆練習基本功，並稱此做法為對手和腦的培育。

在學習新技能過程中，模仿非常重要。總有一天能模仿得惟妙惟肖。先達到「形似」，才能「創作」，到那時才能做回自己。自我完善的途徑很多，透過學習規範而達到美的境界，能讓人更上一層樓。

花五分鐘時間專注於學習規範，效果大於花四十五分鐘的浮泛涉獵。不了解規範的力量和好處之人，無法理解從規範中獲得的良好效果。強迫自己在細微之處做出努力，對自己只有好處：嚴控食量，黎明即起，冷水沖浴，忍受某些艱難。把這些變成你生活方式的一部分，當你面對重要事務時，你將更加剛毅和具有忍耐力。半明半晦、寂靜安寧的清晨，更增添了這些至上儀式的莊重嚴格。

訓練自己臻於完美

「所謂完美，不是成就出色的事業，而是出色地完成平凡的事情。」

日本格言

以完成儀式的方式做事，是一個排解煩惱的方法。以符合美學的方式來做事，則沒有什麼是不可能的，即使是件苦差事。

選擇一件可以獨自進行的事情來做，例如擦地板、洗刷鍋具、散步、泡澡或做運動。全身心投入且確實執行，直至徹底完成這些事。切忌匆忙，必須心無旁鶩。此時此刻只做一件事。重新發現一項活動的珍貴之處：你的舉止動作似乎是自身的延展；帶著彷彿第一次嘗試的新鮮和興趣來做。

訓練自己全身心投入的能力。不斷努力超越自我，一次比一次做得更好，對你所接觸的每件事物要做到胸有成竹。把晨間的洗浴當作是一種訓練，按照順序依次進行。我們需要學習的事物還有很多……

日本導演小津安二郎在他執導的電影中，向我們展示了如何尊重每件任務、每個動作，即使是最微不足道的細節。例如，在完成一個最最平常的動作時，他的角色們亦都全神貫注於正在做的事情或說的話上面，沒有絲毫雜念。所有的感官全部被調動，他們把日常活動視為形態的平衡去完成。因而身體被理解為一種獨立存在。

要做到一舉一動「流暢無阻」，你只能保留兼具實用與審美功能的物品。使用這些用品時也必須注意優雅舉止。你的一舉一動應該從容不迫、恭敬莊重，同時注意訓練自己的敏捷性。

你能夠懷著對新發現的期待，迎接每一刻的到來。

3

飲食在精不在多

放縱飲食

發胖是對死亡的小小讓步

「發胖是對死亡的小小讓步，是放棄優雅、快樂、美麗、苗條和自己的真正面貌，是失去健康。過度的發胖會僵化重要器官（心臟、肝臟、腎臟等）的功能，造成行動不便和身體走形，導致步伐沉重，讓人失去積極性。

發胖就是告別快樂，是過早變得醜陋和衰老。

減肥就是重獲青春，恢復昔

日身段，重享生活的幸福。」

一九四八年某女性雜誌上的一段話

沒有健康的意識，就不會擁有健康。我們生活在一個營養過剩的社會，由於感官享受和飲食過剩而引起的肥胖問題日益嚴重。人們總是不滿足，由此造成的壓力是頭號死亡原因。引發疾病的首要因素，與人類理智犯下的錯誤有關。

需要治療的不是疾病，而是人。

太多或太少，太早或太晚，都是生病或痊癒的原因。

為了達到天然的平衡，必須消除身體和頭腦中的毒素。

自愛是減肥的唯一辦法

相較於跟丈夫、孩子、朋友們的關係，女人與自己身體的關係更加親密。沒有身體，她的生命、感知、奉獻和撫育都無從談起。一旦身體垮了，幾乎可以說是萬事皆空。如果女人無法增強自愛、自尊心，就做不到瘦身這件事。營養學是一門哲學和智慧的學問。美好的生活，就是在生活的每一刻找到感覺，減少飲食是讓生活變得簡單的決定性方式。

只有不受特殊健康問題困擾的人，才可以按照下文中的建議來施行。在任何情況下它們都不能替代醫生的建議，但它們都是我的親身經驗而得或我認為合理的建議。我真誠相信根本不存在什麼普遍適用、獨一無二的飲食計畫。放諸四海而皆準的瘦身食譜，就是排除一切消極且負面的思維——因為，如果感覺不到愛和快樂，絕不可能享受健康和做出積極的改變。

身體輕盈，生活輕鬆

「最嚴重的疾病是藐視自己的身體。」

——蒙田

呵護自己的身體、帶著微笑出門。泡一個香噴噴的澡、穿上漂亮舒適的衣服。重新發現行動自如、舒展四肢、散步和跳舞等，是多麼美好的事。喜歡為自身平衡而戰鬥，要讓身體獲得真正釋放，就必須用紀律約束它。要維持苗條身材，必須控制飲食。努力後的效果會帶給你無以名狀的滿足。

劣質的食物會逐漸剝奪我們的能量，進而造成嚴重後果。

減少食量，放慢生活節奏。少食是金科玉律，如果無法遵守這個信條，即使是最好的食物，也會無法被身體適當吸收。

營養價值低的食物會造成身體缺乏能量，體弱多病，不得不求醫問藥，反而要付出更多金錢代價。同時，容易造成學習能力欠佳，思路不清，進而使得工作和生活不順遂。然而，過於豐盛的食物會要求身體器官不停消化吸收，一旦吸收不良，毒素會堆積在體內，毒素排除不乾淨，會造成感冒、風溼、關節炎、動脈硬化、精神緊張、癌症等。

身體僵硬便是關節堆積過多廢棄物所引起。嬰兒身體柔軟，正是因為他還沒有吃下過多含毒素的食物。咳嗽、粉刺、肘部皮膚粗糙、雞眼、癤子、贅疣，這些症狀說明身體正在試圖排出雜質，大多數人的身體都受到污染。我們身體真正吸收的營養素，只占我們所攝取食物的百分之三十五，多大的浪費啊！

告別脂肪

超重的身軀不僅讓膝部、腰部和脊椎關節不堪負荷，最終還會干擾調節糖分和脂肪的系統（導致糖尿病、高膽固醇等疾病）。

如果體內的脂肪多過肌肉到不成比例，人就會顯得臃腫。但若肌肉發達，就不易讓脂肪囤積。

「純熱量」食物[1]（即不含營養成分的食物，如糖和白麵粉）會阻礙人體新陳代謝，脂肪就是這些未被消耗掉的熱量所積累形成的。

而肉類中所含有的脂肪，同樣也會在攝入體內數小時後因沒有被消耗而囤積。這些脂肪首先經過肝臟，然後透過血液沉澱到身體的某些部位，脂肪囤積部位的體溫偏低。你可以自己驗證一下，身體上脂肪最多的部位比其他部位要涼一些。因此，一個人身上的脂肪愈多，他的體溫就愈低，燃燒熱量的能力就愈差，脂肪的循環速度因此而下降。

在各種脂肪中，只有優質的油和魚類脂肪——跟動物脂肪恰恰相反——具有防癌效果，身體不可缺少。

過去，人們必須儲備食物過活，直到大地再度為他們提供食物。現在，我們不

註1——指熱量高但提供營養很少的食物。

僅攝食過度，而且食物的內容品質很差。

減少攝食脂肪，就能告別偏頭痛、腰痛、四肢無力和神經遲鈍。少食可保持腸道順暢，加快體內廢棄物的氧化反應。抵禦誘惑就是解放自我。

我推薦閱讀對這個問題深有研究的凱薩琳·庫斯米納（Catherine Kousmine）醫生的著作[2]。

飲食有度，膾不厭細

準備一只木碗

營養學的最理想目標，是每餐攝取有限的幾種食物，這樣更易於消化和吸收營養。

有些民族各個世代健康又長壽，是因為他們擁有良好的飲食傳統。喜馬拉雅人民的日常飲食是米飯、兩三條烤製的小魚，和自家種植的蔬菜。中國百歲人瑞的

註2——凱薩琳·庫斯米納（Catherine Kousmine, 1904-1992），瑞士科學家、自然療法支持者，尤其是《合理飲食直至遐齡》（*Soyez bien dans votre assiette jusqu'à 80 ans et plus*），魁北克Libre Expression出版社於一九九四年出版。——作者註

飯食是玉米粥和一兩種炒蔬菜。

至於我的日常飲食，則是我擁有一只好看木碗，它的容量已夠滿足我生理所需食物的分量（據說胃像拳頭一般大），這有助於我限制自己的選擇：一點米飯、一湯匙量的綠色蔬菜、一小塊魚（或一顆雞蛋、一小塊豆腐等），撒上一些芝麻、香草和香料；冬天盛一碗濃湯，夏天則是裝一碗沙拉。

在節慶之外的日子，東方人的一頓飯常常只吃一碗米飯、一碗湯或一碗麵條。木碗象徵著以理想和道德為生活準繩的隱士們的貧窮樸素，無聲地抗議著這個依靠剝削其他地方億萬人民為生的西方社會的放縱富足。

講求飲食的美觀和環境的優雅

在令人陶醉的環境下，完美呈現的一道菜，讓你不必放開胃口就能大呼過癮。淺嘗即止，高品質的飲食有很多方式讓我們饜足。

美好的生活，就是在生活的每一刻都能有所感動。如果就餐環境惡劣，你會用過多的食物來彌補美感需求的缺失。為了就餐而梳妝打扮：換上得體的衣服，整理一下髮型，讓自己的面貌一新。找到對自我的良好感覺，就不會囫圇吞棗了。

餐桌和餐具盡量符合美感：不要總是窩在餐桌的一角！不要使用塑膠和紙製品，只要你的餐桌上不再出現這兩種材料，你的生活將煥然一新。日本老一輩人只用過手工陶瓷、木器和漆器。我相信他們用這些餐具即使只是盛裝一小塊蘿蔔，也帶有無與倫比的美感。隨著戰後大規模工業的發展，孩子們在塑膠的環境裡長大，分不清高貴和庸俗的材料。塑膠製品只應該待在冰箱裡。

人們或許會批評我，這是無意義的細枝末節。但我們正是憑藉這些細微之處，把日常生活變得豐富無比。這些細節提醒我們，生活是快樂的。饜足的感覺並非來自數量，而是來自品質：食物、環境和我們的精神品質。

據說，沙漠裡的艾賽尼派[3]門人要在飲食之前沐浴，然後身著禮服，聚集在一個個小聖堂裡，他們只取一次餐，只用一只小碗做為餐具。

如果用幾根蘆筍、一尾烤魚、剛出爐香噴噴的麵包，和口味適中的乳酪，來宴請你的賓客，不要因為這頓飲食不夠豐盛而感到抱歉，我們這個社會已經忘記了健康飲食帶來的快樂。現今的食物之所以需要過度包裝，是因為它們已經被「剝奪殆盡」，失去了天然滋味。

我們或許應該把「基督復臨安息日會」[4]的飲食習慣奉為圭臬。按照這個教派

註3——艾賽尼派（Esséniens），西元前二世紀至一世紀流行於巴勒斯坦的猶太教派。成員恪守摩西律法，與世隔絕，堅持獨身主義。

註4——基督復臨安息日會（Seventh-day Adventists），一個基督教團體，其要求盡可能採用最健康的飲食，亦推崇素食。

的宗教信仰，他們不得食用任何經過化學方法處理的食物，只能食用百分之百的天然食品。不用說，在他們的教眾中生病的情況是很少的……

夏克教派同樣奉行食用極為可貴的（他們自己種植的）新鮮食物的規定，並且只使用香草做為調味品，與法國「新式烹飪」[5]相去不遠。

細嚼慢嚥

不必計算熱量，不必餓肚子，也不必花錢購買「減肥藥」，這些都是強迫性行為。你該做的，是保持清醒意識，注意自己的想法和感覺。

所謂合理的飲食，就是細嚼慢嚥，對食物和身體懷有尊重之意。控制進食的方式，就是控制體重。在吃下一口食物前做一次深呼吸，排解壓力和負面情緒。只有細嚼慢嚥才能享受食物的味道。

我們每日所需食物：三把蔬菜、兩份水果、六份固態食物（麵包、米飯或麵條）和少量蛋白質（魚、豆腐、雞蛋或肉類）。此外，每週兩次豆類（四季豆、扁豆、豌豆）。一般情況下，兩百克的米飯、麵包或麵條，一百克的蛋白質

註5——新式烹飪（Nouvelle Cuisine），或稱新廚藝、新派料理，是指相對於傳統廚藝（Classic Cuisine）的烹調，其特色是少用麵粉、油脂、調味清淡，並使用當令蔬菜。

（魚、肉類、豆腐）和蔬菜就夠人體一日所需。總之，所有食物加起來不超過一個拳頭或柚子大小。除了特殊情況和節慶之外，在平常日子使用簡單食材，可以縮短烹飪時間。

在古時候的日本，廚房是神聖場所，是準備能精進內心的菜餚之處，日本人認為飲食是生命和思想的創造者。即使在現代，唯一讓他們感到滿足的食物是每餐最後上桌的米飯。對於其他食物，他們只是品嘗味道，用筷子夾起少許淺嘗輒止，因為他們知道，對美食的真正品味和點到為止的絕妙之處，只有在某種程度的禁欲下才能體悟。

烹飪器具

飲食，不僅只是吃飯的行為而已，還包括了準備佳餚、呈上菜品、接待賓客……以及滋養心靈。享受洗菜、切菜和蒸煮的樂趣……選擇你的基本炊具，保持你的廚房纖塵不染，並發揮你在料理上的想像力。

我的基本廚房用具：

- 一把鋒利的好刀。
- 一塊砧板。
- 一個量杯，還可以當調理食材的碗用。
- 一個（易於取出和收納的）小烤架。
- 一只可用來煮米飯和文火煨燉的小雙耳蓋鍋。
- 一只炒鍋和一個竹蒸籠。
- 一把漏勺。
- 一組多功能擦菜板。
- 三只把柄可拆換的平底鍋。
- 三只調配料用，輕且薄的大碗。
- 一打白色廚房用抹布。
- 一把廚房用剪刀。
- 一個耐熱玻璃的餡餅模具。
- 一個耐熱玻璃的蛋糕模具。
- 鏟子、大勺……

把這些廚房用具放在洗碗槽上面的架子上，以便烹飪時隨手可得。避免不必要的走動和動作，用過器具後立即擦洗乾淨。在你把食物端上餐桌前，廚房應該已經整理得乾乾淨淨。

「清除體內垃圾」的營養學原則

保持腸道乾淨

在十九世紀，當病人就醫時，醫生通常會建議病人灌腸。人們很長時間對於這種做法不屑一顧，這些療法如今重新流行起來，只不過是披上了現代的外衣，但其實跟以前的做法並沒有太大區別。在現代，它們只在美容院中流行，被應用於預防和美容目的（減肥、美膚等）。不要忽視便祕的問題，因為便祕可能造成血液污染並引發嚴重疾病。細菌集中在結腸內，息肉甚至癌症隨之而來。

外出旅遊時易有便祕情形，憤怒、緊張、不安等情緒同樣會造成腸道功能障礙，因為這些情緒會促使大腦發出令內臟器官運轉停頓的信號。功能障礙會造成腸道變形堵塞，腸壁積累變硬的糞便物質，而引發頭痛、腿部浮腫、橘皮組織、痔瘡等。

注意在飲食中攝入蛋白質和膳食纖維，以促進腸道蠕動。有醫生建議每天攝入三十克膳食纖維，可選擇全麥麵包、糙米、四季豆、藻類（尤其是洋菜，在超市即可找到，用於製作明膠）、番薯、黑李乾、新鮮果蔬等。

但如果攝入的食物過量或過於油膩，這些纖維質也會無法發揮作用。油膩或酸性食物（糖類、白酒、白麵粉、肉類、化學成分等）會導致消化不完全，而引起腐敗。

消化食物的不是胃，而是腸子。仔細咀嚼食物，讓唾液進行充分的初步消化，晚上少吃飯，減輕肝臟負擔，因為人體組織是在夜間清除廢棄物。如果白天身體感到不適，當天晚上就要禁食，讓身體從自體儲存的營養素中進行攝取，體內組織可藉此機會排除酸性物質。

檸檬是中和酸性物質的神奇藥方。連續二十一天，每天喝兌入白開水稀釋的檸檬汁，第一天一顆檸檬，第二天兩顆，第三天三顆，以此類推至第十一天十一顆，然後逐日減少檸檬的量直到第二十一天。或許有人會質疑這樣檸檬不會攝食過量嗎？實際上只要一天內分多次攝取，這樣的食用方式並不會讓人感到不適，而且它的效果驚人，尤其是對糖尿病患者而言效果更是卓著。可從藥店裡買來試紙，測量每天第二次小便的PH值，親自驗證一下效果。

另外別忘記，即使是優質的全麥穀物，攝食過多也會在體內積累酸性物質。注意不要攝取過量。

感到身體疲勞，尤其是發生便祕時，不要攝入太多紅肉、雞蛋、甲殼類、調味品和酒精。這些含有酸性成分的食物會造成身體疲勞，降低身體免疫力。

源遠流長的禁食傳統

早在遠古時代就存在禁食的習俗，這種做法既有飲食上的原因，也有宗教原因。禁食不會剝奪身體健康的基本元素，甚至在動物界也存在禁食行為。很多國家都存有這種不必花費一分錢的儀式。

禁食過後，身體需要的食物量也會跟著減少，只需攝入少量食物就足以果腹。

你會感覺骨節更加有力，工作起來更有活力，遇到的問題能迎刃而解，身體和精神也不再充滿欲念、要求、渴望、嫉妒、覬覦、羨慕等，導向負面的情緒。禁食有助於回歸更加平衡的飲食健康，不再精神不濟，只需要現在一半分量的食物，你依舊能活力充沛。

禁食的心理準備

在心理和生理上，連續的短暫禁食比延續數週的長時間禁食容易做到，後者需要一定的經驗。因為，禁食是一項「熟能生巧」的活動。從禁食半天開始，延長到二十四小時、四十八小時、一個安靜獨處的週末，甚至一段假期。如果希望展開更長時期的禁食（最多二十天），絕對不可在未得到飲食專家或營養師的建議前擅自實施。數次短暫的禁食，如每週一天，或者每月連續兩天的禁食，則應該成為我們飲食健康的一部分。

禁食需要決心、信念和對自己行為的負責態度。食物、酒精、菸草和緊張壓力等導致的毒素，將會從它們滯留的細胞中被一掃而空。

在開始禁食之前，務必明白禁食半途而廢比從未開始更糟糕。因為，胃部容量收縮後會減少分泌胃液，在未做好準備之前突然進食，你根本無法消化食物。

在禁食期間，去曬曬太陽，活動身軀，避免冗務雜念。把禁食當作一項儀式來執行，想像它帶來的快樂和好處。如果你逼迫自己進行禁食，或者只是為了減肥而禁食，那麼它不會對你有任何益處。要記住它的首要效果是給予你能量，淨化身體和提振精神。

在禁食前應做好心理準備。最初之時，嘗試在一年內選擇三到四個週末進行禁食，以此「調整」身體器官。

如果缺乏自制力和對身體的尊重，禁食也是無效的。要禁食成功，主要依賴於你開始時的精神狀態。

在禁食期間，要大量飲用礦泉水。飲水有助於排出所消耗脂肪組織內的毒素。買一只漂亮的水杯和兩箱蘇打水。你的胃口會逐漸消失，此時如果喝果汁，胃部會受到刺激並要求進食。

正常情況下，味蕾會因食物的「輕輕刺激」，而回味上一餐的餘味，或憧憬下一餐美味。如果什麼也不吃，所有的感官記憶都會消失，禁食將變成樂趣。但只有完全禁食，才能達到這種程度。

身體會因禁食而開始消耗儲備和清除多餘之物。禁食幫助身體消耗多餘脂肪和排出毒素，它所排出的身體毒素，首先是減少毒素和病壞組織。從消化系統節省出的能量則應用於淨化過程，排出細胞最深處的毒素，逐步把它們清除乾淨。新的組織開始重新生成，一場清潔活動就此展開。在禁食期間，身體完全為自己供應營養，並燃燒有毒物質。禁食是對健康的一次大救援，能明顯改善關節炎、風溼、結腸炎、溼疹等病痛的症狀。在印度，醫生們著手治療癌症時，會要求患者禁食。希波克拉底早就提醒過我們，「我們給自己食物，就是在給疾病食物」。

禁食期間和禁食之後

開始禁食時，先服下一劑「植物性瀉劑」（不會有成癮的危險），這可以讓你立即感受到體內清潔的最初效果。接近中午時，如果感到身體有些虛弱，就去沖個冷水澡，按摩一下身體。不要忘記這時你是在依賴自己的脂肪維持生命。每日步行三小時，你將驚訝地發現，讓胃稍事休息能獲得額外的能量。可能有人會想：「肚子空空如也，怎麼有力氣每天走三小時的路？」但事實上是可以做到的。如果你在開始時覺得有些困難，想想自己的承諾：一開始「小步」而行十五分鐘，第二天堅持到三十分鐘，第三天行走一個小時。

這些戰勝自我的小小成果，讓你對未來的戰鬥充滿信心。不要把目標定得太高，往往只要想到食物就會感到飢餓，所以努力想一想其他事情：衣服將更加合身的快樂，自制力增強的快樂，腳步更加輕盈自如的快樂，擺脫頭痛不適之類小毛病的快樂……

用各種方法保持活力：閱讀、冥想、欣賞音樂……不要賴在床上。你做的事情愈多，情況就會愈來愈好。

「禁食後」的階段與禁食本身同樣重要。不要重拾舊有的飲食習慣，尤其不要一下子恢復舊習。禁食結束後的第一天，白天喝加水稀釋的果汁，晚上喝純果汁。第二天，白天吃水果，晚上食用一杯優酪乳和一份沙拉。第三天，重新開始食用少量穀物（例如中午和晚上各吃一片全麥麵包，配以沙拉或湯）。盡量多走路，盡量細嚼慢嚥。最初幾頓飯只吃幾口即可，第四天可以恢復正常的飲食了。

禁食的目的在於……

- 減肥（禁食無疑是見效最快的方法）。
- 改善身心狀態。
- 呼吸新鮮空氣，讓自己感覺更加年輕。
- 讓身體器官休養生息。
- 清潔身體器官。
- 提高消化能力。
- 改善氣色。
- 讓自己更加美麗動人。
- 改善從口中吐出的氣息。
- 活躍腦細胞。
- 改善飲食習慣。
- 增強自制力。
- 延緩衰老。
- 讓膽固醇水準正常化。

• 治療失眠和心理壓力。
• 讓生活更加充實。
• 教給身體只需消耗必需之物的道理。

禁食者經驗

我認識一個六十歲的美國人，他每天行走三公里，最喜歡的一句話是「少即是多」。

他每星期禁食一天或兩天，並在每季初期連續禁食七天。在禁食期間，每天從早到晚只喝一杯果汁。這杯果汁的調製方法如下：

• 六顆柳丁。
• 三顆柚子。
• 兩顆檸檬。
• 與上述水果榨成果汁後等量的礦泉水。

重新學習飢餓

不飢餓不攝食

選擇適合自己的生活節奏。攝取能滿足身體所需的食物（魚、新鮮果蔬、香辛蔬菜、優質油、每週食用一兩次一百克烤肉），不要貪圖口腹之欲，大多數人會因為內心不安和焦慮而吃東西。難以應對生活中的問題也會導致肥胖，壓力和緊張是西方文明的兩個宿敵。當我們的生活節奏太快、太「困難」的時候，體內某些細胞組織也會加速敗壞。學會安排時間，排解壓力，學會拒絕，學會製作幾道簡單的佳餚，努力訓練自己避免一切無益的做法。食物不是我們的敵人，而是我們最好的醫生。

感到飢餓時才進食。

充分品嘗每一口飯食。

不再感到飢餓時，就停止進食。

在（從營養學的角度來說）全世界最美好的地方，是人們按照動物的智慧行事，只在感到飢餓時才進食，並不完全按照固定時間吃飯。嬰兒每天吃六頓「小餐」，間隔為三到四個小時。因此，最好的方式是每隔三到四個小時攝入少量食物。

要學會只在胃部產生飢餓感時才吃東西，不要因為到了吃飯時間而吃飯，也不要因為繁重事務、緊張忙碌的工作讓你疲憊不堪，而想給自己一個「補償」，或者在抑鬱消沉、憤怒抓狂或眼紅吃醋的精神狀態下就餐。

這些並不難做到，但必須先讓大腦清楚意識與分辨「飢餓」和吃得「足夠」的感覺，要學會辨別身體所需和腦中所欲。看到一塊誘人的蛋糕時，一定要這樣問自己：「我應該吃美味的蛋糕，還是擁有健康的身體？」最後，還要學會欣賞美味的真正方法。身體是一部由各種精細零件組成的機器，需要我們細心照顧它。同時，身體擁有一套自我調節系統，但我們必須知道如何啟動它。

事實上，人體隨時都可能出現飢餓感，並無規律，身體的各項需求會根據諸多因素而變化。唯有讓腸道清空，才能真正感受到飢餓。像是，有時候一早醒來肚子就餓得咕嚕咕嚕響，或是才下午四點就已經肚子餓想吃個點心。所以，為什麼要讓身體遵守固定的用餐時間呢？不受時間限制、肚子餓的時候就吃東西的自由，也給了你不想吃東西時絕不進食的自由。

飢餓的程度

1. 餓過頭（要避免這種情況，因為到了這種程度你會飢不擇食）。
2. 超餓，會令你狼吞虎嚥。
3. 很餓，這時應該立即進食。
4. 適當的飢餓感，也就是正常情況下的飢餓，但還可以再堅持一下。
5. 有點餓，但不是真正的飢餓。
6. 飽足感，進食後的放鬆狀態。
7. 過飽略有不適，有很濃的睡意。
8. 非常不適的飽足感，胃部不舒服。
9. 胃部脹痛。

胃部的實際大小，決定了攝取多少食物就足以果腹。

不過，永遠不要長時間忍受飢餓，因為胃部會分泌對自身具有損害作用的酸性液體，而且會導致身體的胰島素分泌不正常，無法把食物轉變成身體可利用的能量，反而儲存為體內脂肪。

促使我們每天進食一到三餐（甚至更多）的食欲，並不符合實際被消耗的能量需求。事實上只需每兩到三天進食一次，就足夠人體所需。我們之所以吃東西，是為了改變心理節奏，感知自我。眾所周知，只有第一口咖啡才是最好的……所謂的「有點餓」其實只是胃部收縮或痙攣，並不是真正的飢餓。很多「有點餓」的情況，只不過是想獲得撫慰、感受愛和美麗，以及紓解壓力、疲勞、憂傷和煩悶。

在不感到飢餓時吃東西，是非常不理智的，一定要避免養成這種習慣。要養成正確的飲食習慣，需要下工夫、專心致志和自我約束。從明天早上開始，「靜候」飢餓女王的到來，並享受這種狀態。胃部絕對會在適當時機宣告飢餓女王的駕臨，不會讓你錯過。

當然，如果要按照這樣的建議在不特定時間進食，是很不方便的，但只要發揮一點點巧思，就可以收到意想不到的效果：準備一些「營養」點心，例如配有鮪魚和黃瓜，並用生菜葉子包覆的飯糰、夾著半片火腿的全麥麵包三明治、香蕉……

一個小技巧：如果你的確不餓，卻很想吃零食，那麼挖一小湯匙印度酸辣醬，讓它在嘴中慢慢融化，努力辨認人們所追求的五味——酸、甜、苦、辣、鹹。

飲料

你可知道，一小罐含糖飲料的含糖量相當於十二塊方糖？

攝入過多鹽分會激起吃糖的欲望，而攝入過多糖分同樣會激起吃鹽的欲望，然後你就會感到口渴……為了控制口渴的感覺，首先要避免吃得過鹹或過甜。

攝入過多水分會導致體內鈣質和維生素流失，而體內的維生素是身體經過一連串繁複的化學反應才蓄積起來的，如果隨著大量排汗和排尿而被排出，就白白浪費了。體溫也會因此降低，體內能量也會減少。鈣質流失會導致脊椎壓迫性骨折，以及產生疲勞感。

在進餐時邊喝飲料是不正確的飲食方式，但是餐桌上沒有飲料讓很多人感到無法忍受。有人問我：「喝葡萄酒也不行嗎？」每頓飯都喝酒精飲料是不是有必要呢？生活中沒有其他樂趣了嗎？亞洲人從來不在進餐時喝水，日本人也是在飯後十五分鐘才喝茶。你可能會感到驚訝，日本文明在西化以前餐桌上是從來不放水杯的，他們很清楚，餐前或進餐過程中飲用過多水，會稀釋消化食物的珍貴胃液，為了促進良好消化，不應該喝太多飲品。湯裡面的水分足夠供應身體的水合作用，蔬菜和水果裡也含有足夠水分。

為了減少口渴，應避免食用酸性食物（糖和白麵粉）和太鹹的食物。糖和鹽會使身體器官抑制體液流動和中和體液。太油膩的食物也是酸性的，因此吃過薯條後會感到口渴。

但是在兩餐之間應該要喝一些水，便祕往往是水喝得不夠多所引起的，尤其是老年人。

要記住，菸酒都會導致血管硬化，引起早衰。

神奇的醋

每天早晨起床後，喝一杯加入一咖啡匙蜂蜜和一湯匙蘋果醋的熱水或冷水，具有減肥效果。醋能夠清除體內多餘的蛋白質，其功效與蘋果完全一樣，它能夠分解沉積於關節部位的毒素，為身體器官補充鉀，增強身體的柔韌度。

飲食簡單而營養

只有米飯可以與任何食物搭配，尤其與豆類搭配極具營養價值，對健康很有益處。夏天搭配沙拉同吃，冬天搭配一碗（三、四種蔬菜煮成的）熱湯吃，再配上一些魚和肉類，就是一頓簡單均衡、營養豐富、經濟，以及符合飲食之道的午餐或晚餐。

你只需要遵守如下準則：

- 只食用營養全面的新鮮食品（對所謂的「保健食品」和減肥食品避之唯恐不及，盡量不吃冷凍食品和使用保鮮盒）。
- 不要經常吃甜食。
- 食用常溫料理和飲料，不要從冰箱裡一拿出來就直接入口。
- 不吃零食。

- 每天只吃一種蛋白質食品。
- 烹飪好的料理當餐吃完（隔餐飯菜營養價值會流失）。
- 避免食用動植物油脂（黃油、人造奶油、肥肉等），選用冷榨油。
- 謹慎用鹽和糖。
- 多用蒸或者包上鋁箔烘烤的方法烹飪食物。

同樣重要的是，不要在吃飯時高談闊論，不再去想已經吃下的東西，不要對朋友的飲食品頭論足，也不要對他們發表有關飲食營養的長篇大論。不過，要完全做到上述準則很難，尤其是跟別人一起進餐的時候，總之盡力而為。最重要的是遵守飲食少而精的原則，並不失時機地告訴親朋好友，除了長時間地待在餐桌邊，還有其他方式可以共同度過愉快的時光。

擁有創意並將想法付諸實現

建立每天思考的習慣。每時每刻，藉著自己的想法、信念和腦中不斷重複想像的畫面，你都能創造快樂健康的身體、成功的生活和幸福人生。如果腦中沒有清晰的想像，大腦會因為缺乏明確的方向而無法行動。

你可以在腦中生成各種想像，這些想像愈是強烈，它們愈能激勵你去實現。你將因此把自己腦海中的理想形象具體化：一個充滿生命力、頭腦敏捷和擁有健康體魄的人。你想成為什麼樣的人，決定權在你手中，你能夠決定自己的模樣。

例如，你可以把自己欲罷不能的口腹之欲，轉化為難以抵擋的擁有苗條年輕身材的願望。吃得少而精，維持理想的體重，生活節奏平衡，擁有更健康的體魄和更豐富的人際關係，這些能作用於你的各種生命機能，同樣能自然而然地作用於你的精神。

你不需要「控制」

當你想像已達成某個目標，並且在潛意識中有逼真的感受時，這個目標將變得十分誘人，進而讓你擁有此前從未有過的動力。有些人的成功並不是憑藉所謂的意志力，而是依靠實現目標的真切願望和認真對待這一目標的態度。如果你毫無所求，再多的意志力也沒有用。

要長久保持意志力是不可能的，這就是為什麼你結束節食減肥後，沒多久就又復胖。然而一旦將心中的無意識層面「程式化」，你在飲食上就可以隨心所欲。即使某一天吃得稍多，第二天大腦也會告訴你：「沒什麼大不了，但是從現在開始要禁食一段時間。」在多出的熱量被消耗殆盡的一兩天裡，你的食欲將消失得無影無蹤。

如果你現在超重幾公斤，你可能會告訴自己：這很正常，向來如此。但如果想起過去體態輕盈的模樣，或者想像未來體重減輕後的模樣，你的心中將重新燃起勇氣和希望。想像未來的情景，身歷其境地感受願望實現的美好，這是一種古老的方法。

視覺化暗示

大腦是透過圖像進行活動的。你想起某種食物，不是透過話語，而是透過圖像。當你參加宴會與人談話時，你會自然而然地伸手拿起雞尾酒與小點心，而把飲食原則忘得一乾二淨。所以，要訓練自己在腦中想像並牢記健康美味的食物。

想像那些就你所知能夠帶來能量、改善肌膚和髮質的食物，例如無花果乾、豆腐沙拉、石榴、芝麻餅乾等。

你的完美形象

真正的自我在你自己身上，而不是你透過自己的個性向世人展示的形象。閉上眼睛，全身放鬆放慢，然後想像與自己真人大小相同的理想形象。比照你的心願建立這個形象，然後把這副形象套在自己的軀體上，感受自己的感覺，並確保這就是你想成為的那個人。當然，如果你膚色黝黑，身高一六〇公分，就不該以超級名模為模擬形象。你所想像的，務必是鮮明切實的形象。想像你喜歡的生活方式，感受你的活力、你的能量、你的外表上盡量豐富的細節（首飾、化妝、鞋子、髮型等）。這才是真實的你，你當前這副軀體將按照你的想像來一點點塑造。

再想像一下你希望在體重計上看到的真正數字，這就是你的理想體重。你的潛意識不會弄錯，你所想像的畫面會命令潛意識傳遞給你的身體。你要在內心產生一種自尊意識，並且深信不疑自己能符合這個理想形象。懇求她協助你減肥，給你提供建議、勇氣、堅持和正確的判斷力。請求她在你需要時，在鏡中顯現出真正自我的形象。她想對你訴說的，都在這個形象中了。

對自己進行日常訓練

連續二十一天努力反覆想像這個形象，即使是最微小的細節也不做改動。你正在腦海中勾勒一張示意圖，當這幅圖像變得清晰明白，你的身體將完全地服從它。身體只是服從潛意識的命令，潛意識不會區分真實的經驗和想像的體驗。試著「預先建構」對這個嶄新自我的感受，但是不要向任何人說出你的目標，因為向那些不了解並且懷疑這種方法的人解釋，你的能量將大受影響。更重要的是，要信任內在的自我。大多數人會因為心情憂鬱而吃東西，因此你必須想像一副你喜歡的形象，而不是一個痛苦地在健身房健身，或對著盤子裡的一粒豌豆啜泣的形象。

憑藉想像練習，你實現心願的能力將愈來愈強。

我們都受制於自己的精神，只有把精神「程式化」，才能實現自我解放。如果你自認為是個「心寬體胖的人」，就更應該想像自己是一個身材苗條的人，那麼即使從未苗條過的身體也能瘦下來。在很多事情上都是這樣，你所得到的只是你希望獲得的。如果想做出正確的決定，必須把準確的資料（資訊）注入潛意識，身體會對潛意識的命令做出回應。

潛意識非常了解身體的運行，比醫生和我們自己更了解。正是潛意識指明了我們的體重、我們的理想身材和我們所做的決定，而不是雜誌、親朋好友，甚至我們自己的感覺。

在發生衝突時，被正確程式化的潛意識比意志力更強大。在刺激生命進程方面，話語和圖像所發揮的作用，與實實在在的分子相比絲毫不差；刺傷人心的話，比肉體傷害更加讓人無法釋懷；而目睹一場事故對人造成的衝擊，比所有詳盡描述都要強烈得多。

確定不移的目標、規則制度、資訊、練習……所有這些都向你的「電腦」「提供」準確資料，其中就包括造成你飲食過度的心理原因。

控制食欲的是潛意識，只要確定明確的目標，減肥必然會有所成效。在紙上寫下你的體重目標值，實現目標的方法就在你自己身上。

努力向自己保證

收集你自己的承諾、最喜愛的語錄和警句，把它們當作你的個人珍藏。用下面的話不斷提醒自己：

我正走在實現目標的路上：理想的身體已經存在於我身上。我發誓盡一切努力盡快擁有這副身體：節食、運動、選擇健康食品、改善生活環境……無論發生什麼事，我將堅持不懈，絕不在困難面前止步。這副完美的形象存在於我身上，並將永遠留駐在我身上。我將成為一個熱情洋溢的人，調動一切為達到目標而必需的因素。

符合我的身材的理想體重存在於我身上，我的自我感覺好極了，而且我漂亮迷人。我知道，只攝入少量食物便足以滿足我的所需，並且讓我快樂。我會堅決拒絕純熱量食物，我喜歡鏡子裡看到的那個人。我清楚知道自己將變成什麼樣。我對自己的愛是無條件的。

想像和保證缺一不可。把映射銘刻於潛意識的最好方法，是不著痕跡地進入某種近乎催眠狀態，並產生一個念頭。

把這個想法用最簡潔的句子表達出來並且反覆念誦，有助於你牢記不忘。但是，句子不要刻意追求或費力思索。

簡短的句子較容易引起關注，容易被銘記於潛意識中，它們不像長篇大論那樣容易讓人厭倦。不要寫在紙本上，會更容易被牢記。

戰勝錯誤觀念的最可靠方式，就是不斷重複積極和諧的簡潔思維，新的「思維」習慣將因而出現，而思維又正是習慣的基礎。

在二十一天內，從早到晚反覆念誦你的宣示清單，直到把它們銘記於心。它們將滋生積極的情緒，不用你強迫自己的意志，就可以指導你的生活。這些宣示和想像守護著我們，它們潛藏在我們的決定和選擇之下，在我們的生活中發揮著重要作用。

具有提醒作用的宣示

一有空閒就把這份宣示清單拿出來，閱讀全部或部分，例如泡澡時、聽音樂時、出門會友之前、在捷運裡……在手提包裡放一份影本，每次有空就盡量熟記幾段。

飲食方式：重質不重量

- 空腹會讓思路更清楚，讓頭腦更純淨，讓感覺更舒適。
- 環境與食物同等重要。
- 減肥食譜是危險的，因為它迫使我採取強制的方式。
- 只有錯誤選擇或以不當方式食用的食物，會對我造成影響。每天吃一次米飯、麵條或麵包就可以了。
- 油膩食物讓我口渴。
- 相較於冷餐，熱食更讓我感到滿意。
- 我總是用同一只碗吃飯，以便控制食量。
- 會讓人發胖的食物，我也可以吃一兩口。

- 我只吃新鮮食物。
- 我很高興我的胃部不是一直在忙於消化。
- 我應該充分咀嚼食物，小口喝水。
- 我應該清楚區分口渴和飢餓。
- 我每一餐攝入的食物不應超過一拳頭的量。
- 如果我飲食過量，身體將不能全部利用。
- 我盡量多在家裡吃飯。
- 大多數人精神不濟，是因為他們吃得太多。
- 香辛蔬菜是值得結交的朋友。
- 吃飽喝足不是真正的滿足。
- 不要攝入品質不好的食品：它們會讓人們吃得更多，以彌補不足。

營養學

- 糖、鹽和酒精會造成大腿臃腫，臉部虛胖，身體組織充血。
- 糙米、番薯和馬鈴薯是補充能量的最好食物。
- 富含蛋白質的最好食品是豆腐、魚類、核桃、榛果、杏仁等。

- 鹽、白麵粉、糖和化學食品會促進橘皮組織出現。
- 純熱量食物會減少人體能量，阻礙新陳代謝。
- 料理肉類、魚類和蔬菜時，盡量保持其天然性質。
- 飢餓時，食用低升糖食物，例如一片抹了一點點蜂蜜的黑麥麵包。
- 如果食用新鮮食品，就不必額外補充維生素。
- 糖愈吃愈愛吃，鹽吃愈多口味愈重，喝酒愈多會愈上癮。
- 酒中富含醣類，醣會轉化為脂肪。
- 食用沒有生命力的食物會讓身體沒有生命力。
- 蔬菜中已經含有鹽了。
- 只要兩三個月的時間就可以忘記鹽或糖的味道。

相信自己

- 我美麗、幸福而輕盈，我就是我。
- 我擁有自信，即使形單影隻也不感到難過。
- 接受自我，是美麗之始。

• 每取得一次勝利，我都相信還有下一次。
• 即使昨天灰心喪氣，相信今天能再次振作。
• 我能夠瘦下來，即使過去從未瘦過。
• 我能實現自己的理想形象。
• 我能像心中渴望的那樣變得苗條和美麗。
• 端詳鏡中的自己，自尊自愛，我能夠改善健康。
• 我能變得美麗，不必模仿任何人。
• 我喜歡現在的我，並永遠喜歡自己。
• 我愛我的身體，我的身體也會愛我。
• 我的頭腦能管住身體。
• 我的身上存有一個神采飛揚、活力十足的人格。
• 至少有十種方式可以展現更真實的本我。
• 信心和控制是有區別的。我信賴自己的身體。

意志力

• 既然我能夠選擇自己想吃的東西，自然也能夠拒絕自己不想吃的東西。

- 訂下一個目標，然後努力實現。
- 把飲食過量的強迫行為，變為瘦身的行為。
- 能控制我的體重的，只有我自己。
- 我必須要有原則，因為大腦不知道它想要什麼。
- 當我飢餓時，身體會通知我。我不必想著這件事。
- 苗條身材是對簡樸的回報。
- 在一餐之後，我應該感到充沛輕爽，而不是疲憊和昏昏欲睡。

時間安排

- 不是在飢餓時吃的東西，都會令我發胖（身體無法消化這些食物）。
- 只有在飢餓時進食才會感到愉悅。
- 為促進新陳代謝，每日六頓小食強過於每日兩頓大餐。
- 飢餓感並非每天都有。
- 每次進餐前，都必須問一問身體需要什麼樣的食物。
- 餐後必須活動二十分鐘。
- 禁食必須先做好計畫，不能與跳過一頓飯混為一談。

- 睡覺前三個小時內不能進食，要讓胃休息停止消化。
- 吃過飯十五分鐘後才能喝水。身體每次只需要一種食物。
- 「為了等一下不會餓」而吃東西，會讓人發胖。
- 禁食是一種修身的藝術。
- 除非是真正的飢餓，沒有「餓得發慌」無法忍受這種情況。
- 心情鬱悶時，我不需要吃巧克力，而是需要振奮一下。
- 每次都先吃最喜歡的食物，這樣可以更快心滿意足。

影像和心態

- 「苗條女人」的心態造就女人苗條的身體。
- 覺悟和心態與營養學知識同等重要。
- 我希望每天保持最佳狀態。
- 脂肪讓我行動遲緩，我之所以吃零食，只是為了忘記麻煩、煩惱、困苦等。
- 害怕衰老和發胖，讓我委靡不振。
- 我的飲食習慣造就真實的我。
- 食物是我最好的醫生。

- 健康就是養成良好習慣的品質保證。
- 我是自己的身體和生活的創造者。
- 我到餐廳跟人聊聊天就可以了，不必非要吃東西。
- 我不能撒謊，身體會把我吃過的東西表露無遺。
- 我不需要幾十件裙子，我只需要苗條的身材。
- 是要吃光盤子裡的東西，還是想要能輕鬆地穿下貼身長褲。
- 想像體重計上的理想體重。
- 對自己的情緒問題時刻保持清醒認識。
- 我必須預料到飲料對身體的影響。
- 避免所有破壞能量的事物：不衛生的食物、乏味的人、笨重的物品、平庸的事物……
- 我的體內不該保留無用的脂肪。
- 感謝我健康的體魄。
- 對待自己的身體，就像對待最好的朋友一樣。
- 我沒有減肥食譜，我只是少食，就是這樣。
- 我與食物和平相處。食物讓我的生活豐富多彩。

• 身體是我的神殿，我懷著崇敬居於其間。
• 如果今天吃太多了，明天和後天，我都不會飢餓。
• 我的腦海更容易抓住影像（食物、身形、衣服、未來等）。
• 當我不再對體重計上的數字耿耿於懷，就是體重下降的時候了。
• 為自己烹調食物，就是在意自己的健康和美麗。
• 在各種事情上，品質都讓我獲益匪淺。
• 我的褲子是最忠實的法官。
• 為了減肥，必須做事有計畫。
• 為了減肥，必須把想法付諸實施。
• 為精神提供營養與為身體提供營養同樣重要。
• 依照身體所需來進行選擇，就是與自己和睦相處。

身體照護

• 照顧好我自己，才能更好地照顧別人。
• 我不想讓化學產品和不健康產品損害身體。
• 我記錄下體重計上的數字，無論它是多少。

- 透過腹肌鍛鍊、健康飲食和正確姿勢，可以讓體型更健美。
- 每天花五分鐘刷身體。
- 休息過多，是在「讓自己生鏽」，也就是在毀掉自己。

第　三　章

精　神

「想了解他人卻根本不懂自己，這實在是荒謬。」

柏拉圖

儘管有笛卡兒式的論斷，但人類向來認為身體與靈魂的痛苦不可分離。但是，要控制衝動和尋得平靜，不僅要做出決定，還必須對思維進行完全的重構。

關注自我，與自己做朋友，自尊自愛，是我們的首要之務。

某些傳統思想（尤其是在西方和富裕國家）阻礙我們以積極的態度看待這些訓誡，人們稱之為自閉、自戀等。但是在蘇格拉底、道元禪師、艾克哈大師[1]和印度智者們那裡，關注自我向來具有積極涵義，正是從這些學派中，孳生出東西方最樸素嚴格，也是最普遍的道德倫理（伊比鳩魯主義、斯多葛主義、佛教、印度教……）。

禁欲是獲得寧靜和認識自我的必要步驟。努力改變的第一件事，就是自我解放。不要向生活索取太多，要節制而謙卑，如果想改變自己，必須遵守這些法則。

關注自我，在各種文化中都是一個永恆的問題。它提醒我們，把關注放在無法

註1——艾克哈大師（Maître Eckhart, 1260-1328），中世紀著名神學家、哲學家和神祕主義者，他的思想涉及泛神論與反道德律而受到教會的譴責。

預測的自然災害，或世人的卑劣愚蠢等外界表象上是毫無意義的，而是應該關注與自己直接相關的切近事物。

人們能夠而且應該肩負起對自我的責任、改變和提升（銘記過去，反躬自省，與克己、紀律、忍耐和身心潔淨有關的訓練等）。

永遠力求達到和保持，不隨時間和情勢而變的唯一目標，就是自我。我們具有自我控制、自我改正和自我充實的能力。

但是，自身的修養應屬於生活藝術的一部分。

「要保護這個自我，捍衛它，武裝它，尊重它，榮耀它，擁有它，不讓目光離開它，圍繞它安排整個生活，」塞內卡[2]說，「接觸它，才能感受唯一合理、堅韌和長久的最大快樂。」

塞內卡還致信盧西利厄斯[3]說：「我的所作所為之所以皆出於個人興趣，乃是因為我對自己的興趣先於一切。」

註2——塞內卡（Sénèque 3B.C.-65），古羅馬哲學家，曾任尼祿皇帝的導師及顧問。

註3——盧西利厄斯（Lucilius 180?-102B.C.），古羅馬詩人，塞內卡的朋友，曾任西西里總督。

1

你的內在生態

純潔你的精神

煩惱和緊張

消極、躁動、輕蔑和疑慮的思維會污染我們的精神，應該消除所有這些思維，改善我們的內在生態，並代之以積極態度。

內在生態是種自我完善的內心工作，可稱之為精神工作。

對於媒體常常散播的暴力和恐懼，可用知識、藝術、美和對幸福、和平，以及愛的追求與之抗衡。

精神愈平靜，愈易於管束、整理和組織我們所接收的資訊，懂得如何用清晰的思維恰如其分地利用資訊。我們的真正工作是為了更高境界的生活而做準備。

不安，僅只是一種思維，三百年前，英語「思維」一詞的意思就是「不安」。我們擔心焦慮的事情，有百分之九十從未發生。當然，地震、火災和嚴重疾病等大災難的確存在，但是我們之所以天天擔心這些災禍，是因為它們更多地待在我們腦中，而不是存在於外部世界。

情緒波動、緊張不安、精神低落是有害的。叛逆、恐懼、嫉妒、沮喪、憎惡、怨恨等情緒，是在精神和身體上的自毀。負面思維阻礙大腦，讓愛和幸福無法在腦中自由通行。

身體的僵硬是精神的生硬所導致的。不安情緒影響胃神經，迫使胃神經刺激大腦分泌胃液，後者又轉化為對身體器官有害的毒素。這種情緒撕裂和摧毀神經系統和內分泌等，指揮清除體內垃圾的組織，因此憂慮不安的人即使吃得很少也不會瘦。煩惱情緒會影響睡眠，產生糖尿病、皺紋、白髮和黯沉的臉色。煩惱破壞集中思考和做決定的能力，令人委靡不振和代謝紊亂。但是煩惱只是一種習慣，不能與煩惱情緒抗爭的人甚至活不久。重要的神經組織修復非常緩慢，神經質是一種慢性病，會導致其他疾病。如果把精神力量耗費在無休無止的煩惱上，我們如何能夠獲得從容平靜的生活呢？

有的醫生認為，對時間本身的恐懼，對身心的為害相當大，這種精神官能症恐懼也可能導致早衰。但是，我們具有自我教育能力，知道如何自我療癒，重獲健康幸福。

由於把問題在腦中翻來覆去，最終連我們想要什麼和我們是誰都分不清了。在壓力之下，我們自我分裂，注意力分散。

因此，務必驅除憤怒情緒，把情緒表達出來，從體內清除。

首先，應遵從如下抗壓的建議：

- 食用美味健康的食物。
- 活動身體，呼吸新鮮空氣和游泳。
- 接受一些保養和娛樂以散心。
- 尊重自己的生物時鐘：消化、激素分泌、膽固醇合成、細胞再生……為了弄清楚這些生理活動節奏，最好的方式是做一個月的記錄，記下飢餓、睡眠、感到肌肉緊繃的時間，努力一點點改變習慣，或者按照個人生物時鐘來安排自己的生活。

- 擁有足夠的睡眠，睡眠不足會造成精神壓力。
- 每天在同一時間睡覺和起床。一個睡眠週期為九十分鐘，如果錯過這班「車」，必須等下一班了。
- 在安靜友好的環境中，懷著愉悅的心情進食。不要在嘈雜的餐廳進食，也不要食用冷凍食品和工業化食物。
- 飯菜務必簡單，食用新鮮蔬菜、魚類、優質的油和當令新鮮水果。
- 務必牢記，懷著平靜而愉悅愜意的心情進食，與在糟糕的情形下進食相比，對新陳代謝的影響絕對不一樣：在後一種情形下，消化會受到影響，導致新陳代謝減速。
- 午餐是私人時間。拒絕勉強的邀請，不要吃太油膩和太甜的東西。
- 每天吃一點巧克力，可以補充鎂元素和促進良好睡眠。
- 過量飲酒會降低睡眠品質。
- 永遠不要吃得太多或太少（除了禁食時期）。往往是大腦感知到餓，而不是胃感到餓。
- 早餐要營養均衡。一頓理想的早餐，是每天最重要的飲食，必須包括含有足夠鹽分和營養豐富的食物。早餐是禁食的結束。

• 要進行身體鍛鍊。運動是最好的減壓方式，但是運動應定期、適度和協調。每天做十分鐘運動的效果，勝過每星期集中做一個小時。

• 到大自然中散步。散步可以讓頭腦變得清晰，有助於更好地面對問題。別忘了去水邊呼吸負離子。

• 打打哈欠，笑一笑，不要老是板著臉。

如果你的精神被壓力侵蝕，這是你自己造成的。用從容不迫的態度來面對它。

思維決定我們的本質

氣色、傷疤、表情皺紋等等，我們的快樂、痛苦和壓力都映照在面容和相貌上，一切都一目了然。

完全不了解自己，只知渾渾噩噩地度日，會惡化和毀掉我們。思維決定了我們的生活。我們的思維是由波動組成，是一種為現實賦予意義，並開啟各種機會大門的力量。

然而，除非我們對事物、我們的行為和思維等具有清晰的認識，否則不可能將上述能力變為現實。潛意識每天二十四小時活動，積累著我們的思維。每一個思維都是因，是導致某一結果的條件。因此，我們應該承擔對這些思維的責任，讓它們只為我們提供有利的條件。

內心世界決定外在世界。要學會選擇我們的思維，選擇做一個和藹可親、快樂多情的人，世界就會同樣回報你。

務必全心全意地堅信你必將得到善，務必「留神」你的思維，把它們引向正確、優美和合情合理的事物。

你顯現於外在的一切，都是這些思維的反映。你的精神就像是個大花園，你在裡面播撒種子，你的潛意識中布滿了整個白天播撒的想法。你收穫的生命力、健康、友誼、社會地位和經濟狀況，都是思維的果實。因此，對它們要最為關注。能量隨思維而來，思維則為態度的先導。這表示你是你的存在的主宰，周圍世界都只是它的反映。

健康是一個內心態度的問題，生活要求你永遠不能放棄你身上的優點。思維和表達體系還制約著你的行為舉止、姿態、幸福與不幸福。只有懂得如何過安寧平衡的生活，你才能變得強大。

減少思慮

無為之道認為：「如果頭腦不被無益之事所蒙蔽，你便是達到生命的最好階段。」

我們生活在自己為自己建造的心理禁錮中，被我們的信仰、觀點、教養所束縛，並受到環境影響。

如果精神淤滯不通，我們就無法正常運轉。太多的事情讓我們無法自制，失去理智，不能集中精神。

隨著年歲的增長，心智日益被堵塞，就像一個堆滿被遺忘雜物的老閣樓，我們根本沒有意識到思維是一刻也不停地進行著。我們如何度過時光？我們有什麼雄心壯志？我們為之奮鬥的事情究竟有沒有意義？

把思維整理得井井有條，就像整理具體的東西一樣，要把用不著的東西清理掉，為重要的東西騰出空間。每一個思維都在大腦中留下印記，都會增強或削弱免疫系統。

清理雜物有利於生活，減少思慮也會為新的思維讓出空間。如果你訓練自己定期清除或驅散腦中的某些想法，由這些想法所導致的行為就不會發生。

把最經常浮現在腦海中的念頭或思維列一份清單。這些想法就像答錄機的磁帶一樣，你每天都在不斷地反覆聽來聽去，乃至習慣了它們的存在，而忘記要驅散這些想法。

要用心花工夫仔細地列出這份清單。如果有些方面讓你感到煩惱，就先把它們擱置一邊，或者找一個時間集中精力去思考這些方面的內容。清單列好後，努力從腦中一個個驅除這些想法，要有耐心花一整天時間去進行。如果這些想法再次浮現，務必耐心且堅決地再次打消掉。就像所有的練習一樣，這種練習總有一天會帶來成效，你將驚訝地發現有新的想法出現在腦中了。

你對自己提出的是好問題嗎？

「每個人都必須弄清楚務必實現的人格一致性何在，並且把追求這種一致性當作自己的義務。東方自遠古以來所歷經的道路，就是以此為開端的。」

約翰．卜樂費[1]，《瑜伽：智慧之門》

註1——約翰．卜樂費（John Blofeld, 1913-1987），英國作家、著名漢學家。

每個問題都應該獨特且毫不含糊，以至於僅存在一個可能的答案。問題還應該以簡單的方式表達出來。在我們所做的每件事中，我們都必須做出一個選擇。任何事情都有意義，我們注意到某些事情，而忽視了其他事情，這並不是沒有原因的。有的人覺察到美的事物和有趣的人，而有的人卻只看到垃圾、缺點和不足之處。在大多數時候，這些選擇是無意識的，但是我們可以盡可能有效運用我們的意識，把它們做為提醒我們進行選擇的工具。雖然我們開始時只看到事物的消極面，但是最終能夠借助自己的意識進行自我改進，並探索更美好的事物。從某種意義上說，我們在不斷地創造。我們能夠對潛意識發出指令，讓它們在未來做出適當選擇。

精神狀態

如果意識到這個簡單事實——沒有低谷就沒有高峰，那麼憂慮和懊悔就不會存在於腦中。即使我們身處低谷，但生活實際上很少像我們想像中的那樣黑暗。如果我們像過去一樣想做什麼就做什麼，一樣不會有什麼改變。唯一能為我們設限的人，是我們自己。真正的自尊源於對自我的控制，這是一條通往自由之路。我們應該透過鍛鍊加強自己的忍耐力，忍耐的機能類似於肌肉，愈鍛鍊愈堅韌。

精神是創造的媒介。當我們切破手指時，生活會原諒我們：新細胞生長出來，癒合了傷口。思維也是如此。

每當你開始感到擔憂、失落、孤獨、沮喪，心中充滿怨恨、消極或憤怒時，拿起一本有趣的書，穿上一套煥然一新的衣服，盡你所能讓周圍的環境變得更加令人愉悅：鮮花、音樂、燃香或香味蠟燭。你還可以做做瑜伽或體操動作，寫寫日記，泡個澡或者出門散散步。最重要的是，要阻止源源不斷的思緒，直到新能量取代了舊能量。

超越問題

「面對一個問題，沒什麼好做的，只需要了解它。」

查理斯．巴克博士

不要處理問題，而要超越問題。集中精力處理一個問題，無異於保持它的鮮活性，同時阻止我們向前邁進。負面思考不需要被分析、剖解和研究，這樣做只會把這些思維進一步發散。不要讓無法原諒的積恨舊傷不斷侵襲毒害你的生活，把往日歲月的無益碎片隨手丟棄，只保留美好回憶。

每天的生活都要重新開始，你就是今天的這個自己，不要再念念不忘昨天的你。如果願意，每個人都擁有煥然一新的無限可能，阻礙我們發掘這種能力的，是我們在心理上對過去的眷戀（這是一個惡性循環）。我們唯一需要的是現在擁有的能量。

要解決困難的局面，只有從容易的細節著手。你專注於哪個方面，哪個方面就被給予重要性。你愈抓住你不想要的東西不放，你就愈能對它施加影響力。

不要主動思考問題，而是要忘記它。了解問題的確切性質和需要，並就此提出疑問，就足夠了。讓疑問自己停止下來，靜若止水。很快你的潛意識中，就會發生一些奇妙的變化。當我們糾纏在某個問題或令我們生氣的事情上時，會忘記生活中的美好和各種可能性，只看到缺陷、不公平，這是造成我們不幸、悲觀和憂愁的緣由。但是生活中的艱難歲月，恰好是後退一步重新看待事物的時機。我們應該自問：「最重要的是什麼？我為什麼這樣做？」

我們知道生活中有一種隨時可得的力量，但是我們應該要求精神把我們與它的電流「連通」。我們愈具有清醒的意識，則戰勝問題的能力愈強。如果與障礙、麻煩和困難無休止地纏鬥下去，我們的潛意識將受到影響，並關閉我們的幸福之門。任何經歷都會對我們有所教益。

消極負面對我們有害

思維和行動上的消極負面對我們造成的害處，相當於不健康的飲食、吸菸和睡眠不足。悲觀失望是由於願望沒有實現，擔心憂慮是因為未來無法確定，而消極負面情緒則是因為我們自身缺乏能量和信心。

醫治心病，就是將無意識轉變為有意識。首先要確認負面狀態的起源，並思忖自己究竟意欲何為。

把你的願望列出一份清單，不必費力思索究竟能否或者如何實現這些願望。得到正確指引的思維能夠產生波動，並轉化為靈感。同樣，經常性的精神訓練可以驅除負面思考。

我們能夠進行自我訓練，與各種負面思考做抗爭，就像學習騎自行車、游泳、駕駛等，一旦學會，這些行為就成為不由自主的動作。

練習讓自己平靜下來，一個月的時間就可以達到心緒平和。尤其在生病的時候，努力不去想消極的事情，讓自己以最快的速度好轉起來。

所有思緒有朝一日都將歸為虛無。你要明白自己具有掌握思緒的能力，究竟是你的感受還是生活本身讓你變得消沉呢？

承認你的潛意識無所不能。它可以給予你幸福、健康、自由和所有你應得的。

不要對過去的事情糾纏不放，要全身心投入到現在能做的事情上。舉個例子來說，一早起來問一問自己想擁有怎樣的一天。盡量提醒自己生活中有哪些美好愉快的事物，悲觀的人總是消極處事。思考方式愈有建設性，就愈有朝提升自己的方向前進的動力。

養成在睡覺前回顧一天中愉快事情的習慣：一次散步、一頓美味飲食、一次友好約會等，這些都是你的財富。並將這些事情記在記事本裡，它們將在今後提醒你生活裡有哪些快樂。許一個願望並要求你的潛意識做出回應，回顧你的思緒並告訴自己睡一個好覺。夢能夠為我們的某些問題找到答案，只要我們在睡覺之前向它們提出問題。

控制你的精神

超脫自我，旁觀自身

想像自己擁有靈魂出竅並坐在自己身旁的能力。評價自己：這個人怎麼樣？她長什麼樣子？你喜歡她嗎？你能夠幫助她，為她建言嗎？

培養超脫自我的能力，不要拘泥於各種念頭。當你下決心消除某些東西，即使是欲罷不能的迷戀時，你將得到的最大回報，就是看到自己能夠做到，而且生活依然繼續。你將得到極大的寬慰，如釋重負，並告訴自己：「好啦，我解脫了！」

當身體和心靈上的一切都被拋棄淨盡，當如同身處虛空一樣再無任何羈絆，當所有的行動不過是回應一地一時的要求，以及當物我交融時，你已經達到了最高級形式的超脫。一無所繫就是最高目標。要能控制自己的生活、壓力，以及所有侵蝕身心的混亂浪潮，是有一些方法的。

擁有自己的原則

「原則就像一塊用生活全部的線，編織得嚴密厚重、美觀結實的布料。」

莎士比亞

大腦並不清楚自己想要什麼：既想減肥，又想吃一塊蛋糕。因此我們需要原則。如果我們努力應用一段時間，對原則的運用可以成為習慣和反射。

大腦無法做出選擇，它需要一定的原則來協助它對行為發號施令。很多事情是如此簡單，以至於我們不屑於施行：平衡的生活、通情達理的行為、對環境的尊重等。抱負和原則是生活的支柱，沒有它們，我們將失去方向。

能夠下決心

能夠正確而迅速地做出決斷是一種藝術與素質，因為這樣就不必忍受更長時間的煩惱。一旦做出決斷和完成必要行動，就可認為問題已經得到解決，要盡量不再去想它。盡可能自己做決定，而剛強的性格是做出選擇和決斷所必需的生命能量，安全感、智慧和魄力是互相依存的，並努力找回兒時的創造性。

知道如何做出正確的選擇，是我們能夠擁有的最具創造性的天賦之一。生活中的每一分鐘都要求我們做出選擇，並為我們提供了無數可能性。但是，一旦虛心接納新的未知事物，就意味著開啟了更幽深的道路，直到生命中再次出現空白期。要對你的願望倍加注意，這是發現你的熱情的唯一途徑。如果心中充滿欣喜，生活就是充實的。

凝神與靜思

訓練自己屏氣凝神：冥想靜思

「坐觀波瀾不起，日月映照於身。」

——蘇菲派詩人魯米[2]

註2——魯米（Rumi, 1207-1273），十三世紀伊斯蘭蘇菲派神祕主義詩人、教法學家，生活於塞爾柱帝國統治下的波斯。

把周圍當作一片虛空，不為聲色人影而動心。製造空虛之境，專心思索一個問題，更確切來說，是思考自己與這個問題的關係。這種做法可消除思維、欲念和幻想的影響。

把「無思無慮」的狀態做為目標。一開始，念頭可能會去而復返：慢慢排除這些念頭；一次次擦去它們，即使只能持續三十秒鐘，你將看到這是可以做到的。這將是第一步，瑜伽修士可以將這種狀態保持一整天。如果你刻苦地訓練自己清除思慮，思慮仍會重新浮現，但是它們將出現得愈來愈少，最終被輕易拋卻。訓練冥想或者控制自己的精神，就像鍛鍊肌肉一樣，只有耐心和堅持才能取得效果。

進入冥想的人，將進入比睡眠高一倍的休息狀態。氧氣的消耗增加，心跳加快，頭腦仍然清醒。要進入這種狀態只需要十分鐘，而要達到如此深度的睡眠則需要六個小時才有可能。

在冥想中，一切模糊不明，一切對他者的依賴，和一切執著，都消失殆盡。可以感覺到一種極端的自由：這是通往快樂的最簡單快捷途徑。讓事物按著各自的軌跡自由發展，好似與你全不相干。過一段時間，你將感到強烈的超脫感。

冥想，到處都可進行，即使是在排隊等候公共汽車或者洗刷碗盤時。高爾夫球運動也是一種絕佳的冥想、放鬆和鎮靜訓練。一名高爾夫球手曾經說過，打完一局球後，他就像居於高山之巔的僧侶一樣，沐浴在平靜之中。重要的是，在一段時間內保持內心的專注。這會給你帶來無處可尋的力量。這種精神自制與空洞麻木絕不相同，是一種磨練意識與注意力的方法，在日常生活中非常有用。

有人就冥想和瑜伽說過這樣一句話：「我無時不在修習。」

「冥想」（拉丁語為meditari）是靜坐、沉思、療癒自己的意思。所有的固定想法都會支配和堵塞頭腦，花一些時間「靜默自處」，讓頭腦悄悄「充電」。不時擺脫自己的形象，感受面目一新的感覺。

要懂得偶爾無為之道，冥想有助於理解精神的運轉方式。在修習冥想之前，人們根本不知道在一秒鐘的時間裡有多少想法穿過頭腦，而這些想法讓他們的生活變得複雜。

冥想是心靈的食糧，讓我們得以自新，鞏固根本。在海灘上跑，在樹林裡坐，聆聽音樂等，這些活動都要花一定的時間。我們可以冥想，就是說無論坐臥立行，都可以攝神定氣。

應讓身體保持某種姿勢的靜止狀態（瑜伽中有很多類似姿勢，比如打坐、仰臥、全面放鬆和閉目養神）。盡量放慢呼吸，靜止思慮。禁止任何念頭引起頭腦的思考。

弟子丸禪師[3]曾說：「要任由思慮像天上的雲一樣來去自如。對於生活不必思考，只需實踐。」一旦做到這種程度，血液循環可得以更加舒暢，記憶力可得以增強。需尋得內心的寧靜和少言寡語，全神貫注聆聽內心的聲音、心跳和呼吸等一切身體內的聲音。

冥想，達到精神和肌肉活動的絕對靜止。感覺你的熱量和體重，把你的感覺向自己說出來：「我感覺熱量充盈著我的身體……」把每一種感覺都用一句話表達出來。之後只需念出這句話，就能達到這種狀態。

寧靜的早晨

「不再擁有期待，自我獲得解放。在拋棄一切的同時，我似乎也拋棄了自己。甚至肉身的沉重也不復存在。我感覺到我不擁有任何東西，甚至不擁有我自己，亦不被任何東西所擁有。整個世界像我的精神一樣透明和無絲毫阻礙。」

——艾倫．瓦茲[4]《禪宗佛教》

註3——弟子丸泰仙（Deshimaru, 1914-1982），日本曹洞宗僧侶。

註4——艾倫．瓦茲（Alan Watts, 1915-1973），英國哲學家、作家，後定居美國，以向西方人譯介東方哲學思想而著名。

早晨，趁著空氣仍然新鮮，還未被人的活動所侵擾的時候進行冥想吧。思慮愈是集中於周圍細節，感覺便愈是直接。把你的情緒當成與你毫不相干的外部現象來審視。你就能擺脫悔恨、焦急、不安和各種含混想法的束縛，甚至將忘記現在，你一定會喜歡這種感覺的！當你達到無思無慮的地步，就實現了自己的目標。事情變得簡單了，好像你已經不在人間，所有的責任和義務都不存在了。接受頭腦中湧現的想法，但是不要把它們太當作一回事。如果能夠想一些似有還無的事情，你將從中得到莫大的休息。晚上睡眠時，你可能在休息，但是你同時也在做夢，精神上的休息是不完全的。

選擇一個有利的時間和地點，在家中的一個安靜角落進行冥想；在那裡放置一個純羊毛或絲綢的坐墊，一張小桌子（約到坐著時的眼睛高度的木桌即可），在上面放置一支蠟燭，一朵鮮花和一炷燃香（僧侶用燃香來計算冥想時間，每次約二十分鐘）。在香霧繚繞的靜謐中，感受坐墊的柔軟，深呼吸兩三次，呼出負面思緒，靜坐二十分鐘。

然而，如果身體缺乏柔軟度，打坐的姿勢並不舒服，不要抱有幻想：如果身體覺得不舒服，我們是不會忘記身體的存在的。因此，為了準備進行真正的冥想修行，身體的柔軟度鍛鍊是必不可少的。正確的姿勢最為重要，也是最好的集中思慮方式，其中自有很多本章節的短小篇幅所無法概括的大道理。其他的姿勢（坐在沙發上或者躺著），會讓你永遠無法達到圓滿的「無之境界」。

沉默是金

「無言無思，則一切皆可理解。」

——佛教格言

在沉默中，可注意到一切，可觀察到思緒中不斷穿過的「思想碎片」。不要行動不止：這個學習過程需要保持思想開放，需要時間和耐心。不要看電視和讀報，做這些事情對你沒有任何好處，只會浪費時間，占有頭腦空間和打破你的寂靜，像催眠藥一樣產生讓你迷迷糊糊的消極情緒，像口香糖一樣留在眼中揮之不去。沉默製造出空虛，讓你在其中延伸。沉默就像是個接待中心，讓它做你的指引。

熾熱的火團

「在我的頭腦中，最寶貴的財富是一團熾熱的包含萬物的精神之火。自我的本質盡在其中。我生命的完整意義和實現高尚精神的最確定希望，也存在於此處。它賦予我無限生機，讓我永生不滅。如果我任其熄滅，難得在意識中閃爍出現，我的生命力將隨著年齡消退，我的本質也將隨著死亡的到來消散殆盡；我的精神將漸漸消解。如果任由對自我的愛、無節制的欲望和激情衝動像烏雲般積聚，那將是避免不了的。但是我的陽神將更加閃耀，將我整個浸潤，直到精神和身體都充塞了陽神。即使走路之時，我也應珍惜這分財富，感受它距離我的意識表面如此之近，行為舉止與之相配。我應該留意自己的思維情緒，避免愚蠢地浪費我的精神和情感能量。」

——卡爾・榮格《金花的祕密》

心無二用

「坐而冥思終日，腹饑而食，結茅而居，此誠富貴有餘也。」

——吉田兼好《徒然草》

頭腦中只浮現一句話。當連靜心止慮的念頭都消失無蹤時，冥想的目的就達到了。在冥想時，甚至連肉體感官都會消失，這說明它們失去了特異能量，這種能量此時被用來加強意識的清晰度。在學習、鑽研和工作時，我們都該有一些獨處時光，凝神定思，心無二用。即使是早上在瓶子裡插上鮮花，都可以成為一種訓練。一整天都將因此而不同！很多人都陷入一些無法自拔的愛好中，但實際上只是一種消極被動。他們在努力逃避自己。但是，一個坐而冥想、觀照自身的人，其實更加積極入世。冥想是積極主動的最高形式，令人獨立而自由。道家認為，物質在根本上是精神的，美好和智慧就在我們面前。我們之所以熟視無睹，是因為感覺功能減退了。

透過休憩、心無所繫和靜修，可以獲得這種直覺意識。人可以擺脫時空、日常生活、欲望、外來想法的束縛，最終擺脫自我的束縛。

2

其他

精簡聯絡人

擇人而交，寬以待人

「唯至人乃能游於世而不僻，順人而不失己。彼教不學，承意不彼。」

——《莊子·外物》

跟無意義的朋友斷交，刪去對你沒有任何支持幫助的聯絡人。在愛情上不要成為異性的附庸。

躲開不聰明的人：你永遠無法確定他們的想法和對你的影

響。對他們敬而遠之即可，也不必去批評他們，但是請不要混淆聰明及其各種表現。聰明是分為好幾種的：有情商和直覺等，很多人都不具備這樣的素質。

相對於種族而言，人們其實更多是以社會地位、金錢、信仰和追求來劃分的。不懂寬容體諒的人，可能會阻止我們進步。要逐漸但堅決地減少他們在我們生活中的重要性。對於你不喜歡的人，不要花任何一分一秒的時間去想他們。

不要在不舒服的情況下委曲求全，也不要要求別人過多的真誠。不要為了拉近跟某個人的關係，而向他毫無隱藏地坦露心曲。不必把整個世界及其規則都帶到自己家裡來，在這個世界裡必須時刻考慮到別人的需要，也不得不把自己隱藏在我們被迫戴上的各種面具後面。

如果學會與自己和別人的不完美和諧共處，我們將快樂得多。

與人相處之道

學會拒絕

「一個自由的人就是能夠不假任何藉口就拒絕晚餐邀請的人。」

——儒勒・勒納爾[1]

在我們的文化中，客套偽善比爽直誠實更容易令人接受。如果你羞於啟齒說「不」字，那麼你必須學會對別人說「不」，這樣才能對自己說「是」。不管怎麼說，如果你拒絕參加朋友聚會，邀請你的人不會因為你沒有接受邀請就跳崖輕生。如果你覺得在道義上無法推脫，那麼鼓起勇氣提出這樣的建議：「好啊，我星期五有時間，但是只能待到晚上八點。」簡單解釋一番，盡量不涉及任何細節，是最好的拒絕方式。

訓練自己這樣講：「很抱歉我現在沒有時間，但我一有時間就會打電話給你。」不要為了別人改變自己的計畫。不要在乎別人對你怎麼想、怎麼說，你將

註1——儒勒・勒納爾（Jules Renard, 1864-1910），法國作家。

變得更加無拘無束。當你為了別人而損害自己的夢想和價值觀時，你就失去了一點點自我和一點點力量。愈是連累到真實的自己，就愈是喪失自我。

放棄無法讓你變得充實豐富的一切，跟自己已成為過去的信仰、價值觀和義務一刀兩斷。不要做別人希望你做的那種人，而要做你自己想做的人。明確而堅定地知道在自己的生活中想要什麼和不想要什麼，保持獨立性。要有勇氣微笑著說不，而不必尋找藉口。任何事、任何人都沒有絲毫權力掌控我們，因為我們自己才是自己想法的主人。如果我們不能讓自己的想法協調和平衡，我們的生活將無法達到協調平衡。

給予少一些，而接受多一點

給予、接受……把你跟別人的關係弄得簡單一些，回到合乎情理的行為上來。在接受別人餽贈時，不要感到侷促不安。如果在心底裡明白自己不會濫用別人的一番好意，那就爽快地接受別人的饋贈。

但你不要給予別人太多，因為人們往往用奉獻的舉動來讓自己得到快樂。雖然自己絕不期待回報，但如果接受饋贈者不表示感謝，或者與自己在這種情況下做出的反應有所不同，難免心裡會存有一絲氣惱。

同時，若不想傷和氣，就要盡一切代價避免與朋友有金錢往來，不要跟他們提及自己的麻煩。給別人太多「無償」的意見也不好，因為不求回報的東西是沒有價值的。你幫助別人太多，別人就永遠學不乖了。你能給他們的唯一有價值的東西，是自制和修養：冷靜、投入、傾聽和仁慈。讓別人相信你是可以依賴的，讓你的投入和忍耐帶給別人力量。你的冷靜來自於堅信：你所需要的一切都能憑藉自己之力獲得。很多時候我們給予別人太多了，但是多數時候這樣做是為了得到愛和友誼，擔心因為自己的原因而得不到別人的愛。

學會傾聽

「我們天生兩隻耳朵一張嘴，所以要多多聽話少說話。」

——中國諺語

多嘴多舌的人，就像是一只空瓶子。傾聽別人講話時，身體保持一動不動，形如雕塑並透著優雅和莊重，這是古典時期的一種教育。這種保持關注的姿勢讓人相信傾聽者的美德，並且透露出傾聽者的內心安寧。

在沉默中，懂得傾聽的人展現出性格中的某種深邃、迷人和審慎。透過自我訓練，爭取在別人面前做到少言寡語，舉止深沉，絕不虛耗言詞。觀察這種新得的隱祕能量對你的裨益，驗證你對別人施加的影響。

注意自己的言詞

「我們用以詮釋自身的語言具有無比重要性。身心系統是圍繞話語經驗搭建起來的，言語傷害留下的後遺症更甚於肉體創傷。我們借助遣詞用句把自己一點點建構起來。詞語不僅是符號，還能引發生物反應。有的詞語具有傷害性。」

——狄帕克．喬普拉[2]，《不老的身心》

如果沒有好聽的話要講，倒不如緘口不言，這是一條金科玉律。你需要的只是

註2——狄帕克．喬普拉（Deepak Chopra），印度裔美國人，當代作家和替代醫學專家，已有近六十本著作。美國《時代週刊》稱他為「心靈之王」，也是眾多世界政商名流的心靈導師。

確信別人對你公平、仁慈和尊敬，你自己也應該如此對待別人。

事情的重要性來自人們的重視。說出痛苦，你將得到更多痛苦，說出好笑的事，笑會增加十倍。

在講話前呼吸一口氣，人們將更加重視和尊敬你。讓別人痛快地講話，先讓他們說完自己的想法。

當你做了好事，不必把它講出來：這種感覺是奇妙的，因為你沒有沖淡這分快樂，而是自己完整地保存了它。

說太多話讓我們空虛乏力，也讓我們所說的話失去分量。說太多話，會有一種因讓別人膩煩而產生的沉重罪惡感。人們往往為了一己之快而滔滔不絕，根本不是為了讓別人借鑑自己的經驗，因為他們談論了太多的自己。不要把自己的不幸向別人吐露，這樣做不僅讓你感到疲倦，也讓你的對話夥伴感到厭煩。另一方面，我們說得愈多，就離別人和我們自己愈遠。

不要爭論形而上和宗教話題，不給自己製造敵人才是最正確的。你需要牢記一點：談論深奧的東西自有合適的時機，其他時候最好是蜻蜓點水，不必深入。你要學會選擇時機。

不要批評別人

批評別人無法說明別人就是個什麼樣的人，反而讓別人看透你：一個喜歡說是非的人。你批評別人，是在製造麻煩，只會讓你自己有失身分。裁判別人需要一定的氣場，會把你置於你本不該處的位置。批評更像是一種習慣，訓練自己無論心裡怎麼想，口中永遠不要說道別人的不是。這種新習慣很快就會成為第二天性。批評或許會讓你心裡感到些許安慰，但是還有其他東西可以成為談話主題。對於不在場的人要做到胸懷磊落，為他們辯護，這樣你能夠贏得在場他人的信任。切忌表裡不一，應該對所有人一視同仁。

與其執著在別人的缺點上，不如多關注你自己的缺點。與其想著別人的壞處和不幸，不如想想更美好的事情，如大自然的祕密、真實的歷史，或者鄉村居住生活——鄉村的美景、安寧和舒適，總能讓人感到愉快。應該用這些東西取代好奇心。

畢竟沒有人能取代別人的生活。

切忌好為人師

「你的為人如此讓人議論紛紛，以至於我根本聽不到你在說什麼。」

——愛默生，《哲學家柏拉圖》

能夠自我克制是與他人保持良好關係的基礎。不要賣弄學問或者擺出一副哲學家的樣子，虛心是為了充實自己。我們講出來的往往比心裡想的更加高調，因為我們企圖展示我們景仰的思想，我們扮演心目中想成為的那個角色，但很不幸它是不真實的。

不要總是語不驚人死不休，要把你自己的扎實努力表現出來。不要教訓別人該怎麼吃飯，而是自己按照正確的方法吃飯，也不要對你做過的事有任何浮誇。

利他主義和清淨自處

關心自己才能更愛別人

「自我欣賞是一種比自輕自賤輕一些的罪孽。」

——莎士比亞

不少人過得渾渾噩噩，他們做的事情毫無意義，內心缺少自信，覺得自己不值得被別人愛，沉迷於喝酒、吸菸、埋頭工作、看電視等。

如果關心自己，你不僅將更討別人的喜歡，自己也會更加快樂。不要折磨自己，學會認識自己的價值。對待自己要心中有愛，對待別人才能心中有更多愛。發現自己的快樂之源，為了快樂而做事。盡可能多多微笑，正確評判自己的價值能夠避免很多壓力，而罪惡感是折磨人的毒藥。

為了自己而原諒別人

寬恕並不意味著逆來順受，而是拒絕讓逆境腐蝕我們的生活。只能為了自己的利益而原諒別人，只有自己不再感到痛苦，才能寬恕別人。如果我們不授人以柄，沒有人能傷害我們。只有在頭腦中對事情進行某種解讀，才會感到痛苦。如果我們把自己擺在一個旁觀者的位置上，是不會感到難過的。我們能做到不為自己的解讀所困擾。

不要對別人有所期待

只有你自己才能對自己的行為負責。不要為別人承擔罪惡感，也不要把自己的快樂建立在別人身上。你是不是好到讓全世界望眼欲穿？另一方面，你想不想讓別人對你口出怨言？如果你獨處時得不到快樂，別人也不會喜歡與你相處，因為人們想從別人那裡尋找自己無法創造的幸福。值得仰慕的人是無所求、無所悔和無所失去的人，他不會受到人或物的影響地在自己身上尋得無窮無盡的資源。

不要試圖改變別人

不管出於什麼原因，都不要試圖改變別人，這只會讓你的生活變得複雜。這樣做會虛耗你的能量，讓你感到無力和失望。別再用言語解釋，而是讓別人主動尋思你平靜和幸福的祕密。影響他們的唯一方法，是用行動讓他們產生接受你的生活方式、態度和觀點的念頭，每個人都試圖模仿那些洋溢著幸福感的人。幫助別人，就是帶動他們進行思考。卓越的歷史學家阿諾德・湯恩比[3]說過，人類的未來在於每個人能在何種程度上退而自處，發現自己的內心奧祕，並從中發掘出最美好的東西來幫助他人。

抵制自己「永遠是對的」這種不健康的念頭。不要對別人指手畫腳，只有你認為有必要時才這麼做，其餘時候保持沉默，能得到更多的尊敬。

自我感覺高人一等，也會成為一種羈絆。在別人那裡碰一鼻子灰，有助於我們更好地認識自己。讓別人覺得他自己有理而去沾沾自喜吧，如果你試圖維護自己的立場，只不過是空耗力氣罷了。

註3——阿諾德・湯恩比（Arnold Toynbee, 1889-1975），英國著名歷史學家，以十二鉅冊的《歷史研究》最為著名。

保持本色

「我不喜歡競賽；我只跟自己較量。沒有勝利者，只有差距。」

——運動員格言

保持超然的態度，才能維持「完整」的人格。你既不必刻意模仿別人，也不必急於顯示與別人的不同。沒有太多束縛的女人才是自由的，發展人格的最好方法是獨自前進。

我們所能貢獻給別人的

或許我們能給予別人的唯一東西，是以我們的行為為表率，引導他們愛上簡單自發的東西，減少考慮自己和減少欲念。如果沒有人想聚斂財富，社會中就不會有竊賊。我們的內心生活愈豐富，我們對自我的評價愈高，我們便可給予別人愈多。

在物質上幫助別人值得讚揚，幫助別人反思更是功德無量。如果能幫助別人減少欲望，即使只局限於很短時間內，也能向他們證明在今後的生活中，只要擁有決心和進行訓練，就可以繼續這樣做。這是能夠給予他們的最大幫助。
用我們的行動為表率，在各種場合中展現生活的幸福，就能夠引導他們鍾愛簡單自發的東西，並用我們的態度表明：不過多考慮自己並且減少欲念，幸福就會被放大。當然，世人的苦難很可能永遠不會止息，即使所有房屋都被徵用並改造成一個巨大的慈善院。但是，如果所有富裕國家真正意識到地球上的資源並非取之不盡，用之不竭，而且只有他們在利用和濫用資源，他們必定將付出更多努力來減少浪費和消耗。如果他們擁有少些，浪費少些，扔掉少些，在別人忍饑挨餓時吃得少些，他們的內心和外在行為或許就能夠達到更加和諧的狀態。

幫助窮人？貧窮的或許是我們這個社會。貧窮到相信幸福就是擁有，貧窮到讓廣告牽著鼻子走，貧窮到陷入爭強好勝的惡性循環中，貧窮到無法過更簡單的生活，貧窮到給一切貼上標籤，甚至包括慷慨之心。貧窮不能簡單地歸結為缺錢，還代表著缺少人道的、精神的和智慧的品質。幫助他人不是炫耀自己的財富，而是簡簡單單地生活，尊重每一個人的生活，不對他們品頭論足。這樣做也是為了不讓被幫助者感到嫉妒、辛酸和羨慕。

培養獨處的藝術

「居所雖窄，亦可坐臥其間，足以供我獨居。我已經歷世事，不願再參與其中。平靜使我享受，午休與觀賞四季景色乃是最大快樂。世界不過是我們的感知，內心平和不啻為最寶貴財富。我喜愛我的陋室，我為羈縻紅塵的人們感到難過，只有獨居者自己才能品味它的妙處。」

——鴨長明[4]，《方丈記》

獨處就是英文所說的alone，這個詞最早的意思是all one，即「獨一無二」的意思。

要能感受離群索居之樂。實際上獨處並不是一種選擇，而是我們的初始狀態。在我們生命的最深處，我們都是孤獨的。這對於一個不習慣孤獨的人來說，可能意味著痛苦，但是度過一段時間後，孤獨便顯示出它可貴的便利來了。身體上有形的孤獨不可怕，精神上無形的孤獨才可怕。如果感到孤單失落，我們怎能夠在人前與人交際？我們在孤獨中重獲能量。對於真正的孤獨者，孤獨只是表面現象，他們的精神世界充滿各種事物和想法，在這個隱祕的洞穴中進行著無數對

註4——鴨長明（1155-1216），日本平安末期歌人，五十歲時因失意而出家，其隨筆集《方丈記》中流露出對時代變幻無常的感慨。

話。

對孤獨抱有欣賞態度。把它視為一種求之不得的境遇，而不是一種厄運。它是天賜的禮物和自我提升、處理重要問題，以及進行卓有成效工作的基本條件。孤獨的時光，是播撒下未來破土而出的種子的時候，也是在未知事物和生活中尚未探索的領域中施展作為的時候。

在面臨無法逃避的孤獨處境前，你要學會欣賞獨處。我們中的每個人都很有可能在生命中的數年中踽踽獨行，對此有所準備是必需的。獨自生活是一門需要學習和完善的藝術，有很多事情，我們只有在寂靜孤獨中才能實現——冥想、閱讀、夢想、想像、創造、自我保養……

學會一個人的快樂：烹飪、園藝、收穫、修飾美容自己的身體、居室和思維……偶爾在小旅館度過一夜、帶本小說去一家灑滿陽光的咖啡館、到水邊去野餐。以後你就能加倍珍惜與他人的相處，並向他們展現一個更加豐富的你。孤獨讓生活變得如此充實！

3

打磨自己，光滑如卵石

為改變做好準備

對自己擁有信心

「我們是用夢想織成的。」

——莎士比亞

我們的自身能量之豐富，遠遠超出自己的想像。

對自己擁有信心，你將發現一切（或基本一切）皆有可能。如果你按照自己的渴望和夢想來生活，你將美夢成真。如果你向著一個明確的目標加倍努力，你將取得驚人的成績。相信好事會降臨到你頭上。

「成功」人士（事業有成和家庭幸福）不會懷疑自己實現願望的能力。成功總是根源於精神，最終在現實世界中實現，這個過程從來不曾逆反。為了實現事業繁榮發展，需要預先在腦中出謀劃策這番事業。思想的力量是令人難以置信的，我們都擁有這件利器，因此要好好利用。每個人都有能力自我籌畫，只要保持思想的開放性，對一切事物持歡迎態度，我們就能利用在潛意識中存在的一切智慧。

不要懷疑你的計畫能否成功。為了找到一條新途徑，你首先要拋棄此前所有思想路線圖。盡量不要懷疑自己，你能夠成為自己希望成為的人。懷疑是在浪費能量，阻礙計畫的實現。

如果你告訴自己，你不是一個具有創造性的人，那麼你將永遠失去創造性。阻礙你成為一個創造者的人，就是你自己（對兒童來說是他的父母，有時對已婚者來說是他的配偶）。永遠牢記你充滿熱情、天賦、聰明才智、創造力和深度。如果你下不了決心實現夢想，你擔心的事情就會發生，我們創造並看到自己預料中的事情。如果面臨某種狀況時顧慮重重，你將自食其果。現實的我們，是我們自己創造出來的。心中的畏懼使我們墨守成規，妨礙我們靈活應變。如果相信只存在一種行為方式，我們就無法施展手腳。然而，其他方式總是存在的，我們要去把它們找出來。

重要的不是發生了什麼事情，而是我們怎麼應對事情。不要在腦中始終想著你不希望發生的事情，你應該打從心裡「知道」你將取得成功，而不是僅僅希望成功。對問題進行研究，要求你的潛意識找到解決方案，相信事情將獲得最好的解決。如果勉為其難，任何事都將受挫。感受成功，會產生成功。應該對一切可能性保持最大程度的開放。相信吧，你的話語能夠清除腦中的錯誤想法，並灌輸正確的想法取而代之。在你的意識中只保留這樣的想法——事情將朝著最好的方向發展，腦中只去想美好、真實和合理的事情。在改變思維方式的同時，你能夠改變命運。最終帶來成效的，並不是你相信的事情，而是你的真誠信仰。

想像自己希望成為的那個人

潛意識一旦接受一種想法就會付諸實施，例如，如果你計畫寫一本書，進行一項探索發現，或者實踐一種新的生活方式，你就在腦子裡完善這個想法，充實各種細節，並努力相信它就是現實。一種想法本身就是事實，你的潛意識已經把它當作實際存在的事情。

我們中的每個人都曾經收到意外之喜，一個讓人擺脫困境的電話，或者一筆雪中送炭的金錢。我們認為這些時刻是巧合，但它們可能並非純屬偶然……現實中的我們，是我們所有曾經存在過的意願的結果。如果你足夠強烈地想像某種體驗，將開始產生各種不由自主的反應，而這些反應恰恰符合你的預感。

請你平心靜氣地坐下來，摒棄心中雜念。置身於一片黑暗之中，忘記外部世界。盡量不要動，讓頭腦平靜下來，在這種狀態下你的精神更容易接受暗示。想像你希望事情如何發展，並且在頭腦中描繪一幅最分明和細緻的場景。丟棄一切恐懼憂慮和破壞性思維，新想法將噴湧出來，你將在振作、冷靜和平和中「醒來」。

榨出你的精華

「我們每個人在少年時期都知道自己的『個人傳奇』（就是自己一直想做的事

情）。在生命的這個時期，一切都是明亮的，一切都有可能，沒有人不敢做夢或者希望做自己喜歡的事。」

——保羅．科爾賀[1]，《煉金術士》

在一生中，我們身上沒有任何東西是恆常不變的。願意改變，證明我們還沒有僵化，還沒有變老。停止改變，意味著走向死亡。

在生命的每一分鐘裡，我們用自己的思維和行為創造一種現實存在，我們應該意識到錯誤的想法會讓我們付出多大代價。精神的進步必然要求改變，這意味著為另一事物放棄此一事物。放棄某些習慣，某些觀點，某些要求……不要自怨自艾，而要改正自身。在現有的情況下做到最好，不要抱怨你的不幸，但是要努力直面事情。長期生活在明確或不那麼明確的焦慮情緒下，焦慮將變成一種習慣，一種慢性疾病。我們甚至不會想到解除這種情緒，或者無法想像如果我們接受改變，生活將是另一番景象。

改變的奧祕，在於相信在內心深處有著一個永遠保持不變的自我，一個有價值和獨特的自我。如果把這個自我當作我們的軸心，改變依附於它的一切將變得不太困難。

註1——保羅．科爾賀（Paulo Coelho, 1947-），巴西當代作家，以《牧羊少年的奇幻之旅》成為世界知名作家。

奧地利著名的心理學家維克多．法蘭克[2]曾被關押在納粹集中營裡，他在被關押期間建立了一整套哲學體系，名之為「意義治療理論」。他告訴他的同事，很多精神或心理上想像出來的疾病，實際上是對生命空虛的隱祕感覺，和對生命意義的缺乏認知所造成的症狀。他認為，每個人都應該發現自己的使命，這個獨特的使命只有他自己能夠完成，無論是在藝術、農作，或者扮演父母、孩子或配偶的角色時。

應該摒棄腦中的每一層舊思維，用新思維取代它。

成為自己最好的朋友

生活在自己的光芒中，而不是舞臺的照明燈下。我們欽佩的女性們有著自己處理困難的獨特方式，改正了錯誤，成為自己最好的朋友。你也要當自己最好的朋友，你需要的是你自己。你怎麼對待家人、客戶和朋友，就怎樣對待自己。

佛陀捨棄了他所擁有的一切。我們注定有一天將失去一切，到時候還剩下什麼？我們應該用自我來充實自己。但是社會竭力讓我們迷失自我，我們一個謊言

註2——維克多．法蘭克（Viktor E. Frankl, 1905-1997），奧地利神經學家、精神病學家，猶太人大屠殺倖存者，創立了意義治療理論，為二十世紀偉大的人性關懷大師。

接著一個謊言，我們不相信生活，不相信自己的能力。我們不進則退，如果讓懶惰占據內心，如果讓別人掌握我們的生活。自愛讓人幸福，接受自我讓我們從別人的評判中解脫出來。尊重你的夢想，順從你的心願。

每個人都擁有一顆鑽石

我們每個人都像是一顆未經雕琢的鑽石，愈是拋光和雕琢，我們就愈是散發出風采光芒和惹人注目。努力不斷完善自己，將使你益壽延年。

飲食要少而精，睡覺宜早，鍛鍊身體，不斷學習，接觸人事，獲得新思想，每天找到盡可能多的快樂。

懂得如何穿著簡單，選擇誠實和適合你的朋友、知識豐富的書籍和優良的環境，盡量做到在各種場合中通情達理。

你要決定自己的生活。安排自己的旅行和時間，設計自己的衣服……運用你的能力、想像和意識。面向充滿可能性的未來，不要留戀過去。成為自己的創造者，我們能夠同時扮演兩種角色。即使麻煩纏身，英國紳士仍然在衣服扣眼上別一朵鮮花。生活的幸福在於我們如何過濾和解釋現實。我們可以為自己創造一個美好的世界，如果做不到，那是因為我們沒有充分開發自己的想像能力。

每天用一個小時實現一項諾言

如果你能完成百分之六十的承諾，那就值得慶賀了。我們每天都應該向著實現夢想的方向前進一小步，即使只能抽出五分鐘時間：打個電話，寫一封信，讀一讀某個作家的作品……答應自己：為了快樂而實現一個諾言的同時，要為了義務而實現另一個諾言。長期的諾言很難遵守（節食、不怨天尤人、鍛鍊身體等），「一天」的承諾則很容易兌現。你還可以嘗試一下「一小時的承諾」，做你最害怕和最討厭的事情，比如一小時的健身、熨燙衣服、寫公文式信件……

不要在意別人對你的看法，即使這種行為顯得幼稚，它也是頗具效果的。同時利用一些時機專為自己做一些事情，例如花一刻鐘時間（不要超過這個時間）專心實現一個計畫，不知不覺間，這件事情就會漸漸有了眉目（學習一門外語、記住一段爵士舞步、為家用收據分類……）。

全神貫注的一刻鐘勝過魂不守舍的一小時。

想像你的生活

明確某個想法的最顯著方法，是在腦中把它勾勒出來。如果能夠把一幅圖像在腦中保留十七秒鐘，它就會變成一段虛擬的現實。想像一個月後、一年後的你，你跟誰在一起，你穿戴著什麼，你的生活是怎樣的，你希望怎樣逝去，你希望留給別人什麼。把自己當作旁觀者來想像，你喜歡她什麼，她能帶給你什麼。然後，想像你最欣賞的、希望或已經見到的名人們，在想像中舉辦一次研討會，讓他們坐在你身邊，接受他們的建議和鼓勵。讓他們與你分享祕密，追溯往事。我們每個人身上都存在一個充滿生命力、能量和超凡魅力的生命。九十歲時你將成為什麼樣的人？為了成為這樣的人，你現在能做什麼？你做出怎樣的改變，才能更加健康、開放、智慧和快樂？大多數運動員都會在腦中想像比賽的情形，他們看到自己獲勝、贏得歡呼，並暗自品嘗其中滋味。

分辨取決於你和不取決於你的事情

「面對每一個痛苦的想法時，要提醒自己：你全然不是你呈現的這幅面貌。如果這個想法與你能決定的事情沒有關係，則告訴自己：這與我無關。」

——愛比克泰德[3]

若覬覦你不能決定的東西，你將陷入不幸。至於取決於你的東西，則隨你所欲。

面對你經歷的每一次事故，想一想你擁有何種能力可從中獲得裨益。只有能夠做到或獲得的事物，才努力去做。

依賴別人的人是乞丐。

對於你不能決定的事物，就表明你的態度：它們對你來說毫無意義。

真正屬於我們的財富，只有頭腦的運用、願望的選擇、判斷的方式、道德品質，和我們能對自己付出的努力。但是，我們無法成為命運的主人，甚至我們的健康、財富和社會地位，都可能走向與我們期望不同的另一個方向。

註3——愛比克泰德（Epictetus, 55-135），古羅馬斯多葛學派著名哲學家。

閱讀和寫作

手不釋卷

「書籍指明了精神的方向。」

——愛默生，《自信》

我們閱讀的一切都成為自己意識的一部分。大多數書面的東西都基於某個人的個人觀察，因此我們能夠用一個下午的時間收穫別人歷盡一生的觀察、勞作、研究、磨難、經驗等，所獲得的勞動果實。

做筆記可讓你記住一本書的主要內容。從書籍中摘錄謄抄對你觸動最大的部分，這樣一本筆記將是你最生動的肖像。

語句和圖像令人愉快，增加人的勇氣、活力和希望。

安安靜靜地閱讀，不要音樂、咖啡和餅乾。讀完一個章節或者幾頁，闔上書本，思索一下你看過的內容。文字是用來解釋思想的，吸收了思想後，文字就沒用了。但為了更好認識自我，知識應該先於思想。每個人都是一幅獨一無二的剪貼畫：父母、朋友、學習、經驗、旅遊和閱讀的拼貼。我們受到無數資訊的影響，由於數量龐大，我們無法記住所有資訊，但是每一條資訊都多多少少改變了我們。

把思想表達出來，不要劃定界限（承認或否認）。一個有學識的人，能同時發現某事物的獨一性和多樣性，卻不覺得其中存在矛盾。保持精神的清醒比理解更重要。

然而，文學作品有可能削弱我們自己的體驗能力，讓我們的想像力有如天馬行空。人們往往害怕改變觀點，因為他們被自己的閱讀經歷所支配，讀過的東西就像他們的財產一樣，讓他們捨不得丟掉。

閱讀過多也是在浪費能量。不要收藏你讀不完的書，不要留下太多作者、太多著作和太多文章，只需留下最重要的。

與其大量閱讀，不如閱讀與寫作交替，透過讀書筆記來迫使你準確明白地表達自己的觀點想法。這種練習可以把觀點想法印刻在腦子裡，並且用於以後的日常生活。

聽到、讀到和寫下的事物，就成了自己的東西。這些東西滲透進我們身體，幫助我們解釋所經歷的事情。

閱讀和寫作就是關注自己，最理想的狀態是找到閱讀、寫作和思考之間的平衡，有點像蜜蜂在花叢中飛舞，選擇可以釀蜜的花朵。把你在各種閱讀中「收穫」的東西儲藏起來，用一切心思打造一個只適合你的堅固完整的自我，蓄積你所有的新發現。

用寫作表達個性

「逃離宏大的主題，寫出日常生活提供給你的東西。描述你的憂傷和願望、腦中穿過的想法，和你對美的某些形式的信仰。懷著不事張揚的謙卑的真摯之情，用隨手可得的詞語、夢境中的畫面和記憶中的事物，來描述這一切。如果生活在你看來乏善可陳，請不要責備生活，而應該責備你自己。你要承認自己沒有足夠的詩意逗引招來絢爛華麗。因為對於造物主來說，貧乏、貧困者或無足輕重的地方，都是不存在的。」

——里爾克[4]，《給青年詩人的信》

註4——里爾克（Rainer Maria Rilke, 1875-1926），二十世紀傑出的德語詩人，除了詩之外，他也創作小說。

當你不知該做什麼的時候，在紙上寫下腦中經過的一切。思想有可能會一團混亂，而文字可以使其變得有意義。把你的渴望寫下來，寫下本身便會造成某種神奇。你要習慣於對自己的願望一清二楚。

為了擺脫我們的思緒，首先要把它們清楚表達出來，便於以後將之清除。書寫是學習認識自己和聆聽心聲的一種有用方法。然而，一旦你對某個想法有了堅定的信念，就把你寫的東西全部銷毀，只留下對於這個想法的印象。只保留對美好事物的筆記，如此一來，在陰鬱的時期你將能看到所有的財富、成就和快樂，這些東西證明你曾經擁有充實的時光……未來將重現這些時光。

寫作是與精神建立關係，它同時激發理解力、直覺和想像力。如果我們對自己的現狀沒有確切的了解，又怎能找到繼續前進的方向呢？

憤怒時寫作，這是讓你與面前的問題保持一定距離的最好方法。就好像它們在某個地方，不再是你的麻煩。寫作是最好的催眠，把心緒傾瀉於筆端，你將感到心中一片寧靜。

內心的映射對於心靈，就像現實的畫面對於眼睛同樣重要。對於心靈來說，詩歌、小說和電影是必不可少的。你要有一本筆記本，記下語錄、詩歌、笑話、趣聞、故事、記憶……

開動你的記憶力

「人的智慧應接受思想的鍛鍊，從繁複的感知走向統一，將其組合為一體的是思考行為。然而，思考只是追憶靈魂在天馬行空時曾見識的東西。」

——拉辛[5]，《菲德拉》

回憶腦子裡儲存的東西，一個個打開記憶的抽屜，背誦曾經記住的東西，回憶讀過的格言警句，以上是增強記憶力的最好方法。

對自己講話，憑著記憶說出事物的名字，回憶是獲得經驗和智慧的最佳方式。例如，優秀的運動員隨身攜帶著一些提醒句子，一遍遍朗讀直到嵌入腦中。每天，這些提示指點要完成的活動，不需經過思考，身體就會接受它們。

為知識投資

「禪代表著人類有待實現的努力，依靠冥思和超出語言表達的思維區域。人能與『絕對』達到和諧。智慧的人是一部機器，知識就是被精神所吸收的。」

新渡戶稻造[6]，《武士道——日本人的精神》

註5——讓．拉辛（Jean Racine, 1639-1699），法國劇作家，也是古典主義悲劇的代表作家之一。

註6——新渡戶稻造（1862-1933），日本政治活動家、教育家、農業學者及經濟學者。一九〇一年九月擔任臺灣總督府殖產局長期間，提出「糖業改良意見書」，對臺灣糖業有重大影響。

學習是對精神的主動運用，進而引起身體的主動變化，也就是說身體是我們從出生起被教育的所有解釋的有形結果。新知識帶來新學習，新才能促進身體和精神成長。與其把錢花在物質上，不如花在新知上。知識是別人從你身上無法奪走的唯一東西，這筆投資一定會升值。但必須注意，不要把知識看做你的擁有之物。思維不侷限於自身的人，不誇誇其談他們知道什麼，而是談論他們的獨創見解。他們不會「迷失」於自己的知識，被精神吸收的才是知識。

最好的學習方法是教授他人，這樣做能迫使你「擁有」話題，展現你的知識，改善表達方式，還能迫使你更上一層樓，鍛鍊具有創造性的連貫思維方式。

放鬆你的意識，接受不理性和無法理解的東西，從而提升和豐富你的個性。不幸的是，西方人在知識、道德和宗教方面，受到各種權威的制約。

知識就是力量，但西方人只意識到用詞語表達的東西，東方人則認為在表達非理性體驗方面，詞語是派不上用場的。

鍛鍊和紀律

為什麼要進行鍛鍊？

改正自身錯誤，絕不僅僅是成長和獲得知識，更是獲得自我解放。反躬自省，改正錯誤，找到方法讓我們成為應該卻從未成為的人。

一切的鍛鍊首先都必須有合理的時間安排，在一日中的片刻，一星期中的一日，或一年中的一月。生活中的任何時間都不應該負擔過重，同時忙於多種鍛鍊。

倫理要求鍛鍊、規律性和用功。這不是我們的義務，而是個人生活方式的選擇。

真正的哲學是自律，要挑戰自我。

最重要的是要愛上鍛鍊，把它們當作一種需要、自我豐富的源泉，和必不可少的東西。每個人都可以學會享受如下的快樂：食物是為了果腹，飲料是為了解渴，住宅是為了保護我們免遭風雨侵擾。

在開始進行一種鍛鍊前，必須確信它將來不會造成痛苦，而是被掌握後能夠增加快樂和滿足感。

首先，要弄清楚我們具有何種能力，然後進行一天、兩天、一星期的鍛鍊。據說，最好是二十八天，經過這一階段後，身體和精神就能夠形成習慣。

調和紀律跟鬆弛、行動和休息之間的關係，是一項艱難卻令人興奮的訓練，這項鍛鍊需要時刻保持警惕，否則不可能取得任何成效。

良好鍛鍊的祕訣

適度，是一切鍛鍊的成功祕訣。要避免過度，不能損害健康或者達到極限狀態。只有以積極愉快和有效的方式來理解鍛鍊，它才能產生有益作用。只有如此，鍛鍊才變得必不可少並有規律地重複。身體不能阻塞心靈，身體應保持自由狀態，以便從事精神活動、閱讀和寫作……這就是鍛鍊的目的。

幾種鍛鍊方式

晨間鍛鍊

「早晨，當你不願醒來時，不妨這樣想一想：我醒來是為了完成人的使命。熱愛職業的人不惜犧牲沐浴和用餐的時間撲在工作上。你對自己天性的評價還比不上雕刻家對於工藝，或舞蹈家對於舞蹈嗎？」

——馬可．奧勒留[7]，《沉思錄》

一大早就確定一天的計畫，牢記各項活動的總目標，告訴自己將走向自我完善。新的一天，是生命的新階段。類似這樣的個人思考，將形成你的人生審美觀。但要小心，切莫墜入自戀的陷阱。

日間鍛鍊

鍛鍊你的身體承受力。為了讓自己積極起來，你應該從身體上開始努力：增加膽量，在承受痛苦時不頹喪抱怨，努力忍受寒冷、困倦和飢餓。

為保持良好的體魄，只給身體必需的東西。時而苛刻對待自己，鍛鍊對生活打

註7——馬可．奧勒留（Marcus Aurelius, 121-180），古羅馬皇帝、斯多葛學派學者，其統治時期被認為是羅馬黃金時代的標誌。

擊的承受力。

鍛鍊自己的節制力和耐心，抵禦誘惑，不要迫不及待地打開禮物和信件……

夜間練習

準備睡覺時，回顧一遍日間做過的事，以此來過濾你的思緒：不要回頭思量麻煩事——就算只是一個晚上也不行，這樣會讓你睡得安穩。

總結一下做過的事：事情是如何進行的，它們本來應該是怎樣，為什麼沒有那樣發展，你從中能得到什麼結論。

然後，完成一個淨化儀式：聞一聞香水、鮮花、燃香等，聽一段音樂，泡個澡，請求夜晚給你休息和你想要的夢，準備睡個甜甜的覺。

清貧、樸素和超脫

「我記得在撒哈拉沙漠裡的一天，一個貝都因人用一只極細小的杯子為我泡甜茶。他泡茶的過程鄭重其事，用兩三枝小樹枝點起小火，在舊罐頭盒裡燒開水。

註8——此處二重性指主張神我不合一的宗教信仰，對應的非二重性信仰則指印度教、禪宗、蘇菲派等主張神我合一、明心見性的信仰。

他只有一只杯子，便先為我泡茶，等我喝完後才泡給自己喝。」

——一個旅行者的回憶

東西方眾多神祕主義者和思想家，視貧窮為一種品德。禪宗認為，「貧窮」一詞不僅指缺少金錢，還表示精神謙卑和放棄現世的欲求。

英國思想家和作家卡萊爾對貧窮和虛無哲學進行對比研究，得出結論認為我們應該拋棄一切二重性[8]。他的結論可上溯至十三世紀道明會會士艾克哈大師[9]，後者終其一生主張身無一物和接受虛無是生命哲學的正途，是非現實的、宗教的理性方法。他在佈道中所說的貧窮，非指身外或物質，而是來自內心。

我們之中富有錢財者很多，但他們卻活得像窮人。他們失去了欣賞生活的熱情，甚至忘記了年輕時的快樂。

無欲無求意味著不被自我束縛（請勿將其與自尊混淆）。艾克哈大師和佛教大師們認為，人類不幸的原因在於貪戀、占有欲和自我。這些大師擁有一個共同理念：超脫。

我們的目標不是擁有，而是存在。顯然一無所有是不可能的，因為這會導致我們依賴於他人。德國哲學家和心理分析學家艾瑞克・弗洛姆[10]認為，觀賞花朵是

註9——艾克哈（Meister Eckhart, 1260-1327），道明會會士，萊因河神祕主義的代表人物，宣揚一種靈智與神原的神祕主義。

註10——艾瑞克・弗洛姆（Erich Fromm, 1900-1980），德國猶太人，後加入美國籍。二十世紀著名的心理學家、社會學家和哲學家，人本主義精神分析學說的創始人。

以存在的方式生活，採擷花朵則是以擁有的方式生活。

卡爾・榮格認為，西方人不能理解佛教，因為西方社會以財產和欲望為中心。從這一意義上來說，艾克哈與禪宗或松尾的詩歌一樣令人費解。日本有所謂的「清貧」思想，更注重內心的純淨而不是物質財富。在幾個世紀以前，商人階級在日本仍深受鄙視。

清貧

要不惜代價獲得生活的必需：經濟上的安全，可以保證你的獨立與尊嚴。人們明白，一無所有比失去擁有之物更容易讓人接受。在物質上無所依附，在心理和精神上亦會無所牽絆。然而，人們自己卻最容易拒絕這麼做。因此，人們可以品嘗自我約束的滋味，過一種節約樸實的生活。

這一種主動選擇的貧窮，在簡單品味的幫助下可以轉變為另一種富裕。藉著生活的格調，人們將漸漸學會如何評估物品的實用性，而不是它們的點綴作用。攝食只是為了抑制飢餓，控制自己以戰勝憤怒情緒……要尋求平和，所有這些都是必不可少的。應在某種意義上超脫自我，這樣才能超脫於萬物。

矛盾的是，正是放棄自己的人，才會保留著自己想要的一切，因為他不想放棄一切他並不明確渴望的東西。擁有極少的人不是窮人，欲望太多的人才是窮人。安於貧困的人，就是富有的。

節制是一種自願選擇的貧窮，對財富的衡量應以滿足所需為尺度。

樂天知命源於禁欲：如果擁有者事先不對失去財富有所準備，則任何財富都無益於他。

設身處地想像一下，你只有一個房間、一床一桌、一臺電腦、一個井井有條乾淨的小廚房和幾件衣服。沒有首飾、書籍和各種小擺設……你將身處地獄還是天堂？

鍛鍊自己適應貧窮。把禁欲當作一種定期訓練，你要時常過禁欲的生活，它將給你的生活帶來新形式，讓你學會對身邊的財富有足夠的超脫。應時常剝奪自己的奢侈，當有一天命運讓我們一無所有，我們便不會感到不幸。應透過自我訓練過著幸福而簡單的生活。

鍛鍊對貧窮的適應能力，做到對貧窮無所懼怕，如果你平常習慣於香濃的阿拉比卡咖啡，那麼就連續喝一個星期的冷凍乾燥即溶咖啡。

不過盲目的棄絕，與凡俗生活一樣愚蠢，而且脫離現實，應盡量達到中庸：在希望抓住我們遇到的一切機會與冷眼旁觀之間找到最佳平衡。只需抓住真正重要的東西，無論是關於物質獲得、職業發展還是家事抉擇，始終質問自己你所做的是不是值得，如果你放棄它能得到什麼。

極簡主義、倫理和宗教

沙漠中的遊牧民族只攜帶他們需要的東西，而且都是生活必需品而非財富。

對於現今的宗教和道德觀念要有所警覺，特別是非正式和不具生命力，只剩下空殼的團體。從屬於某一宗教團體，並不是憐憫與謙遜生活之必需。然而，做一個不識字的牧羊人或放棄一切形式的知識，也不是讓生活簡單化或實踐極簡主義的必然要求。擴展對世界的認識，接觸大千世界才是實現這種生活的正途。

通往謙遜、誠實和憐憫的道路，從我們的生活方式開始。為什麼總是想成為最優秀、最富有和最聰明的人？為什麼不停地想用自己的學識、權勢和金錢壓垮別人？簡簡單單地生活，擁有極少的東西，才能打破這些不公、隨著潮流的華而不實和缺乏品味、偏見，以及慣例。

合理的禁欲主義，比有礙公平的富貴更讓人感到舒服。日本古代有一種隱士藝術：居於陋室，飲食極少，擁有物極少，幾乎不與世交往接觸。

為了積聚而積聚的物品，不具任何意義。不應該為了重視這些東西，反而輕視我們的生命、時間和能量。

簡單的生活，不能僅滿足於粗茶淡飯，還應憧憬更高層次的思想和生活方式。這就是說，欣賞一切事物，在微不足道的平凡事物中發現樂趣，能夠從呈現在你面前的一切事物中獲得益處。

如果你有三輛汽車還感到不滿足，這可能因為你是個鋪張浪費的人，缺少從事物中汲取益處的識別能力。我們有很多不消花一分錢的樂趣，但是卻沒有好好利用：有成千上萬冊藏書的圖書館、有可以野餐的樹林、可以暢遊的湖泊……所謂浪費，就是擁有卻不會利用。我們擁有太多，於是白白錯過了很多機會。

簡單，是一種平衡，是懂得把握欣賞物質世界的角度，是有效率地享受幸福，是聰明地利用金錢、時間和所擁有之物。

幸福生活不是「貧窮」的生活，也不是無休止的節制。良好的生活狀態，就是對節儉抱持積極態度，不用物質來衡量幸福。我們擁有很多尚待發掘的財富。

知足則足

「故知足之足常足矣。」

——老子

節制是一種高明的生活方式，簡單而優雅。一言以蔽之：「足夠」。擁有對「足夠」的自我體會，你就是幸福的。足夠生活了，足夠吃了，足夠滿意了……

如果想要滿足一切需求，你將永遠沒有足夠的時候。

生活既從容平靜又充實激烈，這是最重要的。

擺脫某些事物才能擺脫某些人和他們的僵化原則。你將變得在外物中游刃有餘，欣然承認和接納一切。內心放棄一切，才能無所羈絆，一舉一動都順從情勢。最理想的狀態是沒有一絲一毫的羈絆，不依賴任何人，懷著默默達到完美的心做事情便心滿意足。

我們擁有的可能失去的東西，不如我們能夠得到的東西重要。在本質、美和完善上做出努力，就能夠達到目標。

放棄

超脫是放棄的結果，放棄是達到超脫境界的首要條件。

我們最關切的始終應該是對自我精神的更深刻認識，但我們卻揮霍時間、生命和寶貴的能力來積攢物質財富，沉湎於飲食之樂和精神刺激……我們不停尋求得到更多、擁有更多時間，卻忘記了我們每個人內心存在的力量和知識。

最難做到的便是放棄。

為了學會放棄，或者說選擇放棄，應該為自己確立合理目標。要想行得遠，切勿開始得轟轟烈烈，而是有所保留。要學會從失敗中得到教訓，在改正中進步。即使丟棄所擁有的一切，放棄與超脫也不是一朝一夕之功。真正的放棄在於內心。人的意識需要消化和準備，很多東西不能一下子吸收，因為很久以來它們並不屬於我們意識的一部分。

「我、我的」等字眼束縛和奴役著我們，因為在這些詞語中包含著財富、金錢、權力和名譽所給予我們的一切，與它們相當的動詞還有「取得」、「掌握」、「希望」、「積聚」。當然，這些屬於人之常情，但人之所以為人，還意味著要尋找幸福——在別處。

一旦向頭腦中灌輸不依賴於物的思想，你就將獲得希冀於生活的一切。你對世界的看法將樂觀起來。

一切祕密在於「自我訓練」。

在前半生，品嘗各種樂趣、得到我們想要的東西，和對各種事物進行嘗試，這至關重要。我們能夠因此體會到放棄是一種快樂，要獲得平靜則需依賴日常短暫享樂之外的東西。

節省你的能量

重新發現自身能量的自然衝動

「靈魂就像閃電一樣，是稍縱即逝的淡藍火星兒……瑜伽能把靈魂從身體中抽離，讓靈魂自由出入。」

——提奧非．高提耶[11]《木乃伊傳奇》

想像一下，能量像流水一般在你的體內流動，阻塞你身體的都是多餘之物，它們是一切入侵你的身體和心靈的東西。排除阻塞並不是褫奪、否定或讓你一貧如洗，相反它意味著更多空間、光亮和輕盈。各種思想會積聚或耗費能量，因此你要放棄一切價值判斷，不要抱住某些事物和事情不放，生活在矛盾糾結中浪費力氣並產生痛苦。

排除阻塞不僅意味著騰出空間和贏得時間，還意味著減少情感、身體或精神上的膠著狀態，這種狀態讓我們變得渺小，拖拽著我們，讓我們行動不得。我們有

註11——提奧非．高提耶（Théophile Gautier, 1811-1872），十九世紀法國詩人、小說家、著名文學家。

偏離本質的危險，分心太多就會無法實現本質。既然每個人都擁有能量，為什麼不是所有人都能感覺到它呢？事實上我們都擁有能量，但是活動在日常生活中占據如此之大的比例，以至於我們無法注意到自己的能量。

空氣中帶有電，機器生產電並透過線路傳輸。人也依賴另一種電生存，就是他的能量——氣。這種能量讓人運動、思考、生活。所有一切——物品、人、藝術、衣服、食物等——都影響我們擁有能量的程度。生命是感覺的連續，是舊有思想形成的傳統和鏈條，這些東西做為能量，其在精神世界中的真實性就像電能在物理世界中一樣。

每個人都按照自身存在的組成方式來生活。人是各種不同表現和活動的投射。我們中的每個人，都是由組成自己的材料屬性開動起來的。但讓材料流動起來的是精神。當代材料和分子科學只不過肯定了東方人一直持有的觀點：一切皆虛幻。古代中國道家的目標，是借助這些波動獲得更多身體和精神能量。由於身體隨精神起伏變化，因此我們若存有此心，是有可能進行改變的。這是一個集中精神力量的問題。

氣的概念來自中國，道家研習黃帝和老子的教誨和奧義，從而發現了這一概念。我們與世界的關係吸引了各領域的研究者：醫學、宗教、心理學、哲學、物理學……現代物理學目前承認，宇宙中的一切不過是衝動的能量，這些能量偶然在某些特殊時刻重新構建，具體化為各種材料形態。

這一意義所說的材料，只是一種媒介，透過它可觀察到能量的結構和密度。地球上的一切，從電話到海浪，包括人的神經系統，形成我們稱之為生命的總能量。各種形式的替代醫學（針灸、順勢療法、美國「生物回饋」療法、按摩療法）打開了能量場（電、磁、精神、心理等）的入口，突破了人體的限制。

我們是巨量的被擾亂能量。因此，西方人一直認為，我們應該恢復做為人之本質的原始衝動。

我們與自己抗爭，逃避自己，屈服於自己，換言之，我們像爬蟲類動物一樣緩和或收縮自己的能量。當日常生活中的苦惱和憤怒沮喪剝奪了我們的能量時，必須糾正不良情緒和理解思想情緒的重要性。我們因此能夠戰勝所有潛在疾病，這也是某些奇蹟的原因所在。但要做到這些，就必須學會活在現時，而信念、自由和快樂是最重要的。

控制你的能量

「不能把人想成一具肉體，而是當作生命能量的流動。」

——三島由紀夫[12]

擁抱那些帶給你心滿意足、自我豐富和自由的事物。我們自然知道什麼活動、什麼事物、什麼想法和思維，能為我們帶來這些。如果你明確知道自己想要什麼及為什麼，你便能聽到這個指引你前進的小小聲音。因此，思考和夢想我們希望得到的東西是有好處的。對我們熱衷的事物，可以不知疲倦地談論幾個小時。這些話題讓我們喜歡，給我們啟發，讓我們感覺到更多自我，給予我們一種稱之為快樂和熱情的能量形式。在神祕學中，沒有盲目的信念，只有認知。我們生來具有各種精神機能和一副軀體，能夠自我發展並培育我們自身的各種能力。

只有精神能夠理解現實。精神具有無限能力，當我們集中力量，它就能控制和超越物質。如果我們希望獲得更多能量，就應保持身體的最佳狀態，因為它可以幫助精神。

註12——三島由紀夫（1925-1970），本名平岡公威，日本小說家、劇作家、記者、電影製作人、電影演員與右翼思想家，一九七〇年為政治目的切腹自盡。

保持能量儲備

疲憊的精神和不健康的身體，總是如影隨形。不遵從樸素的原則，不維持身體的靈活放鬆，不過簡單的生活，不尊重他人和大自然，你將無法保持健康的體魄。你將無法控制自己的痛苦不安，無法奢望幸福的生活。想法不堅定，等於沒有想法。堅定信念則從實踐中得來。印度醫學理論「阿育吠陀」認為，精神對身體具有強大的影響力，不生病要依賴我們的精神覺悟程度，和我們試圖取得的平衡。

氣和熱情

忘記不好的事，把你的能量都用在你真正想成為的人或擁有的事物上。兩千六百年前的老子說過，我們的身體是由無數透過精神而彼此相連的微粒構成。他認為精神是作用於身體和維持生命的祕密因數，因此老子主張養氣和增加自身能量。他說，不要培育對悲觀事物的喜好，即使它們是美麗的。中國古代沒有憂傷或激烈的音樂，也沒有刺激情緒的和聲：音樂是為了安慰人心和提升精神境界。

熱情就是這種令人振奮的感覺，是一種非常強烈的能量形式，應該盡最大可能培育這種能量。但當身體生病時，怎能擁有熱情呢？快樂、熱愛生活和享受的人，就是健康的。保持這樣生活狀態的祕訣之一，是盡量牢記生活中最美好的時刻，那些把我們帶向一番新境界的時刻。你應該也有過感到莫名惆悵的時刻，而後接到電話跟朋友出去散散心，這時你會立即拋卻憂愁，生活對你來說彷彿重新煥發光彩。

日常生活中的氣

改造身體是純潔身體的必要條件，並有助於身體保持本質。為了達到這一目的，我們應該保持潔淨的傳輸帶，血液不潔是大部分疾病的病因。食物也有其獨特的波動率，「無生機」的食物讓人變得無生機，太多食物則會造成能量阻塞。活動、行走、做按摩、冥想、呼吸……還有不要忽視失眠。服用安眠藥只是權宜之計，為了不對神經系統造成不可挽回的破壞，應該找到失眠的原因。無法入睡或無法進入幾個小時的深層睡眠，會影響生活品質。失眠往往是因為氣滯不通，由於氣在體內的自由循環受到阻礙，淤滯在某處形成氣結；結果導致體內某些位置上能量積聚過多，尤其是大腦過分「活躍」，無法休息。因此，做些瑜伽或步行有利於氣的循環暢通，可以讓氣在體內均勻分布。

水對於氣來說也十分重要。例如，在暴風雨來臨前夕，空氣中的正離子含量增多，因此人們會感到疲乏和胸悶。但是當暴雨傾瀉而下，我們馬上就會感到舒服。在流水附近（海邊、急水湍流、瀑布等處）富含的負離子，十分有助於我們補氣。中國人還相信輸送生命能量的水是神聖的。

結語

旅行，生活

「只要人們還肯去偏僻遙遠的村莊旅行，並在那裡的小屋子裡過夜；只要人們樂於乘坐公共交通工具，和光顧走街串巷的小販，他們就能在微不足道的事物中尋得安慰。」

——亞歷珊卓．大衛—尼爾[1]

經常窩居在家不出門的生活會讓人精神消沉，活得痛苦而腐化，讓光明和愉快的想法到達你頭腦最灰暗的角落。努力在積極的一天重新解釋過去，不要追問生命意義何在，這是一個沒有答案的問題，而是思考生活中有什麼在等待著你。換換周圍的風景、面孔和氣候，出門讓頭腦精神舒爽一下；旅行讓人感到平和安

註1——亞歷珊卓．大衛—尼爾（Alexandra David-Néel, 1868-1969），比利時．法國裔女探險家和作家，是二十世紀第一位偉大女性旅行家，曾於一九二三年探訪對西方人來說仍很神祕的西藏。

慰，令人彷彿煥然一新。

像牡蠣縮在殼中一樣，窩在家裡、一成不變煩悶無聊的生活，怎能讓人自由？出門旅行是為了快樂，不要帶不值錢的紀念品回家和妄自尊大的品頭論足。只需帶上一枝筆和一本筆記本。很多人害怕變化無常，有人卻討厭安居不動和沒有驚喜的生活，還有人厭倦了日復一日的生活。然而，有時候一條道路之所以吸引我們，是因為我們不知道它通往哪裡。向著一個未知的目的地進發，沒有任何限制和義務，帶著很少的行李，彷彿整個天地都是自己的，這多麼讓人快樂！只要在那裡就如願了，不需要任何人或物，醉心於美景和新鮮面孔……這些新的環境將在你心裡留下抹不去的印跡。

笑口常開，保持樂觀

笑是必不可少的，它為我們清空內心，洗去塵埃。在印度有些醫院，笑被當作一種療法。笑能減少皺紋，讓各種情緒浮在臉上。從來不笑的人是不健康的。全神貫注於當下，當下本身具有豐富的內容。告訴自己，一切都會改變，包括煩憂和不幸，沒有什麼是永恆不變的。

把所有讓你快樂的事物列出一張清單，每天努力完成至少一項。園藝、廚藝、閒步，一邊喝茶一邊吃幾片吐司，做一些你日後能欣賞的工作（夾心餅乾、花園、整理得完美無缺的壁櫥……）。

幸福生活離不開微小事物，要做到自由、謙卑、善解人意和融入社會。幸福是身體和精神上每時每刻的操練，是不停歇的戰鬥。要懂得如何保護自己免遭任何事物的侵害，讓生活成為自己的庇護所。要懂得這個道理：能夠生活下去的地方，就能夠生活得幸福。

我們的目標應該是：不去追求短暫的利益，而是在靈魂和精神中找到幸福和最終的善，獲得自由，創造屬於自己的存在美學。

沒有什麼不能讓人幸福。在幸福的每一刻，人們都在實現自我，幫助自我，成全自我。很多日常的小活動都能成為幸福源泉：寫信、計畫一次朋友聚餐、整理櫥櫃……

如果你對未來還有夢想，這說明你還相信自己。我們只要活著，就擁有選擇。認為自己貧窮不幸的人不會發展自己的想像力，而讓很多本來能變得美麗深邃的事物在心中枯萎了。

尋得內心的平靜

「自認為快樂的人就是快樂的。我所有的一切都在我身上。」

——墨伽拉的斯提爾波[2]

人們在自己的心靈中能找到最多平靜和隱蔽，尤其當他在內心深處擁有某些觀念：只要求諸這些觀念，他立即獲得寂靜和安順。

做好最壞打算，微笑接受生活

順從體面地接受無法避免的事，告訴自己這在某些方面對自己是有益處的。避免可以避免的，並堅忍地面對其他。

在思想上做好最壞打算，有助於擺脫猶豫不決、不切實際的期望和焦慮不安。做好失去一切的準備，意味著將來不是一無所得。不接受生活的現狀，讓我們無法進步。在僅僅一天時間內，我們既是學生又是導師。所謂智慧，就是知道在某一時刻該怎麼做。當我們停止與不可避免的事情抗爭，我們的生活將更加充實。

註2——斯提爾波（Stilpo），生活於西元前三世紀，蘇格拉底的門徒，他認為做人的最高境界是心態平和，對痛苦和歡樂都視而不見。

接受不幸，不要試圖逃避，無論身處何種境地都要發現美和慰藉。黎明即起，鍛鍊一下身體，就像如今我們仍能在北京的公園中看到老北京人練氣功。生活要順從自己的天性和節候。

馬可·奧勒留在《沉思錄》中建議，追念某些對你在某些方面有給與、在某種程度上堪稱你人生楷模的人，他們會給你很多元素，成為你構建自己行為和原則的部分材料：「可敬的人知道，他們不可能在多彩多姿的生活中任意選擇。反之要告訴他，他沒有選擇，以居高臨下的姿態俯視整個世界，他應該明白天空中的一切光輝，無論星宿還是流星……都與身體和心靈的無數災殃，與戰爭、劫掠、死亡和痛苦，有著無法分割的聯繫。他達到了最高境界，知道該為什麼而欣喜。」

生命和死亡

「最重要的不是活著，而是活出美好。」

——柏拉圖，《克力同篇》

活著的唯一方式，是欣賞生活。我們將像蠟燭一樣燃盡熄滅，明白這一點迫使我們善待生活，調整自己，明智真實地生活，始終明白自己的侷限所在。這給了我們精神上的平靜，可以接受最壞的局面，能量因此得以釋放。我們在世上時日有限，因此應該在現有狀況下盡可能生活得快樂。

一步一個腳印，不要望得太遠，也不要回頭。畢竟，生命不是吃喝睡覺和虛度時日，每個人都應該追求自我的存在。我們不斷追問生命的意義，而後才發現答案並非言語所能表達，而是存在於我們忘記這些問題的時候。

我們的目標和抱負都只是表象，是「活著」感覺的昇華。在精神發展的每個階段，我們最好的盟友都是自己的身體。一個人的生活愈是具有靈性，他就愈是活在當下，就愈是活得自在。對未知事物有一種預感，感知到宇宙充滿奧祕和無法解釋的現象，這就是對生命意義追問的答案。

生活中應該保持某種癡狂，不去追尋因果關係，而是承認奧祕的存在。亨利·米勒[3]說過，做過一場好夢的人，從來不會抱怨虛度光陰，他反而因為曾經擁有提升和美化現實的體驗而高興。

從十九世紀起，西方人開始混淆精神和理智，他們不再區分精神和靈魂。靈魂需要快樂，就像精神需要想法和身體需要食物。品嘗香檳，修習「新紀元」哲

註3——亨利·米勒（Henry Miller, 1891-1980），二十世紀美國乃至世界知名且重要的作家之一，著有《北回歸線》等多部引人爭議的小說。

學，把每一分鐘當成最後一分鐘。只有自然天性都得到滿足，我們才能感到快樂。且過好今日，莫問明朝，任由生活的道路隨著日夜交替和四時變化節拍的指引，而蜿蜒曲折。熱愛充滿了無盡多樣性的人類。

虛假的幸福泡沫破滅於失去的痛苦面前，但快樂的生活就是走向完美。愛惜身體，努力維持精神和情緒之間的平衡。漸漸地，失去和死亡不再顯得比得到和生命更重要或更不重要。生命是一種藝術，不再強求之時就達到了巔峰。

我們這代人中，有愈來愈多的人活到一百、一百零五，甚至一百一十歲。現在正應該為這些美好的年紀做準備，並且要準備好一切條件以在這些年紀中活得充實。不要放棄你的夢想，不要拒絕相信奧祕，要為了幸福過簡單的生活。

你的一千種小快樂

理想的簡單生活
L'art de la simplicité

作　　者　多明妮克・洛羅（Dominique Loreau）
譯　　者　張之簡
封面設計　黃子欽
責任編輯　劉素芬
行銷業務　王綬晨、邱紹溢
行銷企畫　曾志傑、劉文雅
副總編輯　張海靜
總 編 輯　王思迅
發 行 人　蘇拾平
出　　版　如果出版
發　　行　大雁出版基地
地址　台北市松山區復興北路333號11樓之4
電話　02-2718-2001
傳真　02-2718-1258
讀者傳真服務　02-2718-1258
讀者服務信箱E-mail　andbooks@andbooks.com.tw
劃撥帳號　19983379
戶名　大雁文化事業股份有限公司
出版日期　2023年9月 再版
定價　420元
ISBN　978-626-7334-28-7（平裝）

國家圖書館出版品預行編目資料

理想的簡單生活 / 多明妮克.洛羅(Dominique Loreau)
著 ; 張之簡譯. -- 再版. -- 臺北市 : 如果出版 : 大雁出
版基地發行, 2023.09
面 ;　　　公分
譯自 : L'art de la simplicité
ISBN 978-626-7334-28-7(平裝)
1.簡化生活
192.5　　　112012913